ARRUME A SUA BAGUNÇA
E TRANSFORME A SUA VIDA

Dados Internacionais de Catalogação na Publicação (CIP)
(Câmara Brasileira do Livro, SP, Brasil)

Kingston, Karen
 Arrume a sua bagunça e transforme a sua vida / Karen Kingston; tradução Newton Roberval Eichemberg. — São Paulo : Pensamento, 2016.

 Título original: Clear your clutter with feng shui.
 ISBN 978-85-315-1960-4
 1. Autoajuda 2. Conduta de vida 3. Feng-shui 4. Sabedoria oriental I. Título.

16-07737   CDD-133.3337

Índices para catálogo sistemático:
1. Feng-shui e qualidade de vida : Ciências ocultas 133.3337

Karen Kingston

ARRUME A SUA BAGUNÇA E TRANSFORME A SUA VIDA

Tradução
Newton Roberval Eichemberg

Editora
Pensamento
SÃO PAULO

Título original: *Clear Your Clutter with Feng Shui*.
Copyright © 1998 e 2008 e 2013 Karen Kingston.
Copyright da edição brasileira © 2016 Editora Pensamento-Cultrix Ltda.
Publicado originalmente em 1998 por Judy Piatkus Publishers Limited, 5 Widmill Street, London W1P AHF.
Publicado originalmente em língua portuguesa com o título *Arrume a sua Bagunça com o Feng Shui*.
1ª edição 2016.
2ª reimpressão 2019.

Todos os direitos reservados. Nenhuma parte deste livro pode ser reproduzida ou usada de qualquer forma ou por qualquer meio, eletrônico ou mecânico, inclusive fotocópias, gravações ou sistema de armazenamento em banco de dados, sem permis-são por escrito, exceto nos casos de trechos curtos citados em resenhas críticas ou artigos de revista.

A Editora Pensamento não se responsabiliza por eventuais mudanças ocorridas nos endereços convencionais ou eletrônicos citados neste livro.

Este livro destina-se a fins educacionais e não é um guia para diagnóstico ou tra-tamento de qualquer doença física ou psiquiátrica. Qualquer leitor que precise de tratamento médico deve procurar orientação de um profissional especializado.

Editor: Adilson Silva Ramachandra
Editora de texto: Denise de Carvalho Rocha
Preparação de originais: Lucimara Carvalho
Gerente editorial: Roseli de S. Ferraz
Produção editorial: Indiara Faria Kayo
Editoração eletrônica: Fama Editora
Revisão: Nilza Agua

Direitos de tradução para o Brasil adquiridos com exclusividade pela
EDITORA PENSAMENTO-CULTRIX LTDA., que se reserva a
propriedade literária desta tradução.
Rua Dr. Mário Vicente, 368 – 04270-000 – São Paulo – SP
Fone: (11) 2066-9000
http://www.editorapensamento.com.br
E-mail: atendimento@editorapensamento.com.br
Foi feito o depósito legal.

Sumário

Introdução 7

Parte Um – Entenda a bagunça
1. Feng O QUÊ? 11
2. O problema com a bagunça................................. 19
3. Eficiência na eliminação da bagunça 23
4. O que é exatamente a bagunça? 27
5. Como a bagunça afeta você 33
6. Por que as pessoas acumulam bagunça? 49
7. Desfazendo-se das coisas 61

Parte Dois – Identifique a bagunça
8. A bagunça e o baguá do Feng Shui 67
9. Áreas de bagunça em sua casa 79
10. Coleções 95
11. A desordem dos papéis 101
12. Bagunças de todo tipo 113
13. Grandes bugigangas 123

14. Bagunça de outras pessoas 125
15. A simbologia do Feng Shui e a bagunça 131

Parte Três – Elimine a bagunça
16. Como eliminar a bagunça 141
17. Bagunça no uso do tempo 165
18. Fique livre da bagunça 181
19. Mudança de perspectiva 187
20 Elimine a desordem no seu corpo 195
21. Elimine a desordem mental 213
22. Elimine a desordem emocional 223
23. Elimine a desordem espiritual 229

O que vem depois?
Envie sua história sobre eliminação da bagunça! 235
Recursos relacionados à limpeza do espaço e eliminação
    da bagunça 237
Outras obras de Karen Kingston 241
Bibliografia e leitura suplementar recomendada 243

Introdução

Depois que meu primeiro livro, *Creating Sacred Space with Feng Shui*,* foi publicado, as respostas dos leitores não pararam de chegar, revelando o quanto tinham gostado do livro e os incríveis resultados que estavam obtendo ao colocar em prática as informações nele contidas. Um capítulo em particular gerou mais cartas, faxes, telefonemas e e-mails do que qualquer outro: o intitulado "Como Eliminar a Desordem". Parece que todo mundo tem alguma bagunça para arrumar!

Foi, portanto, uma progressão natural escrever um livro inteiro sobre o assunto e, conscientes da natureza do tópico, meus editores e eu concordamos na época em publicar um livro de tamanho reduzido, para não aumentar ainda mais o quociente de desordem de quem o adquirisse.

Alguns anos depois, revisei o livro inteiro para incluir alguns esclarecimentos e algumas atualizações, várias seções completamente novas e um novo capítulo sobre um dos tipos mais difíceis de desordem que desafiam as pessoas hoje em dia: a bagunça com relação ao

---

* *Criando Espaço Sagrado com o Feng Shui*, publicado pela Editora Pensamento, São Paulo, 2001.

uso que fazemos do nosso tempo. Como a versão original, esta já foi traduzida para muitas línguas e continua a vender em todo o mundo.

Esta nova edição que você tem nas mãos inclui ainda mais atualizações e um novo capítulo, chamado "Mudança de Perspectiva", que torna seu conteúdo muito mais completo.

Feliz eliminação da bagunça!

Karen Kingston

Parte Um

Entenda a bagunça

1.
Feng O QUÊ?

Certa vez, encontrei uma mulher que iniciou uma viagem ao redor do planeta com pouco mais que a passagem para seu primeiro destino no bolso. Mas ela tinha a habilidade extraordinária de ler a mão das pessoas, e para onde quer que fosse, sempre conseguia um lugar para dormir e comida para forrar o estômago. Ela escolhia um restaurante ou hotel da região, procurava o gerente e se oferecia para ler a mão dos clientes em troca de alimento, abrigo ou um pequeno pagamento. Quando a encontrei, ela já fazia isso há três anos, já visitara mais de uma dúzia de países e estava no período mais gratificante de sua vida.

Descobri que o Feng Shui causa essa mesma simpatia universal. Quando as pessoas descobrem o quanto suas casas podem afetá-las, para melhor ou para pior, elas ficam fascinadas e querem aprender mais.

Feng Shui

A crescente popularidade do Feng Shui é extraordinária. Descobri pela primeira vez minha paixão para trabalhar com a energia dos ambientes no final da década de 1970, e por volta de 1993 tinha adquirido conhecimento e habilidades suficientes para começar a dar aulas sobre o assunto. Quando as pessoas me perguntavam, nessa época, o que eu fazia para ganhar a vida e eu lhes contava, a reação mais comum era um olhar intrigado e a pergunta: "Feng *o quê?*" Agora, elas em geral balançam afirmativamente a cabeça e a conversa flui. Hoje em dia, parece que quase todas as pessoas já ouviram falar alguma coisa a respeito de Feng Shui.

Feng Shui é a arte de equilibrar e harmonizar o fluxo das energias naturais no ambiente a fim de criar efeitos benéficos em nossa vida. Esses fluxos naturais de energia eram bem conhecidos e compreendidos pelos antigos, e até hoje esse conhecimento está vivo em algumas culturas.

Em Bali, por exemplo, a população vive em total harmonia, tanto com o mundo físico observável quanto com o mundo das energias invisíveis. As oferendas diárias em centenas de milhares de santuários domésticos espalhados pela ilha, e a interminável lista de cerimônias poderosas, espiritualmente elevadas e de beleza indescritível que são realizadas nos vinte mil templos comunitários de Bali asseguram o equilíbrio e a harmonia do lugar. Isso, para mim, é Feng Shui em seu grau máximo — não apenas um conjunto de princípios aplicados a uma construção individual com o propósito de obter um resultado específico, mas toda uma ilha de três milhões de pessoas em sintonia com a sacralidade da Terra, aplicando o Feng Shui como um modo de vida completo. É visível que o materialismo está começando a enfraquecer a cultura espiritual de Bali a ponto de, muito provavelmente, ela não sobreviver às próximas gerações, mas na época em que escrevi este livro havia muito dela para se ver e vivenciar, caso se visitasse a ilha.

Minha abordagem do Feng Shui

Minha abordagem do Feng Shui é um tanto diferente da de outros praticantes, pois eu trabalho diretamente com a energia de cada espaço. Desenvolvi a capacidade de ver, ouvir, cheirar, degustar e sentir a energia, de maneira que, ao começar uma consulta, a primeira coisa que faço é percorrer todo o perímetro interno da construção, fazendo uma leitura da energia com as mãos. A história dos acontecimentos fica registrada nas paredes e nos móveis sob a forma de sutis impressões etéricas e astrais; por meio da leitura e da interpretação dessas impressões posso detectar todos os acontecimentos significativos que possam ter ocorrido nos ambientes. Eventos traumáticos ou repetitivos são os mais impregnados no ambiente e têm efeito maior sobre os moradores. Também sou capaz de descobrir áreas onde a energia esteja estagnada, e sei o que precisa ser feito para melhorar o fluxo energético em cada lugar.

O campo de energia da bagunça é inconfundível. Há um obstáculo ao fluxo de energia que provoca uma sensação desagradável e pegajosa, uma sensação de sujeira, como se eu estivesse movendo as mãos através de teias de aranha invisíveis. Foi esse fato que me fez compreender pela primeira vez que a bagunça causa problemas na vida das pessoas. Ela tem um cheiro de mofo muito penetrante, que posso sentir quando entro na casa de alguém, mesmo que a desordem esteja escondida de mim. Se eu a sintonizo, também posso sentir seu cheiro no campo de energia do corpo de uma pessoa se ela estiver perto de mim, pois o cheiro da desordem fica impregnado em nós. Mas não se preocupe com isso se você for se encontrar comigo — há tanta bagunça no mundo que eu não a sintonizo o tempo todo!

A boa notícia é que, depois de eliminar a bagunça, essa energia insalubre, estagnada, e o odor que a acompanha desaparecem rapidamente.

O baguá do Feng Shui

Um dos aspectos mais interessantes do Feng Shui, e vou focalizá-lo neste livro, é a grade do baguá (veja o Capítulo 8 para um diagrama simplificado e informações suplementares). Ela pode ser usada para saber onde cada aspecto de sua vida está localizado, em qualquer construção que você ocupe.

Por exemplo, há uma área em sua casa ligada à Prosperidade (com este livro, você vai poder descobrir exatamente onde ela fica). Muitas pessoas que leem a respeito do Feng Shui ou que participam de cursos sobre o assunto ficam muito empolgadas com o que ouvem e querem pôr tudo em prática de uma vez, sem compreender que primeiro precisam se livrar da bagunça. Elas ficam sabendo, por exemplo, que podem pendurar um espelho no canto da Prosperidade para atrair mais riqueza. Mas e se essa área estiver repleta de trastes? Infelizmente, é mais provável que pendurar um espelho em meio à bagunça duplique seus problemas financeiros em vez de resolvê-los.

Este livro trata apenas deste aspecto do Feng Shui: a eliminação da bagunça. Isso é vital para uma aplicação bem-sucedida. Este é o primeiro livro a explorar em profundidade a eliminação da bagunça sob a perspectiva do Feng Shui; é um ponto de partida ideal para os iniciantes, assim como é uma ferramenta valiosa para os que já estudaram um pouco.

Na maior parte deste livro, refiro-me à aplicação das práticas em sua casa, mas é claro que elas também podem ser usadas de maneira igualmente eficiente em seu local de trabalho ou em qualquer outro lugar que você estiver ocupando.

A limpeza do espaço

Limpeza do espaço é o nome que eu inventei muitos anos atrás para indicar o ramo do Feng Shui em que fui pioneira e pelo qual fiquei mais conhecida. Trata-se da arte de purificar e consagrar a energia das construções, e é basicamente disso que trata meu primeiro livro, *Criando Espaço Sagrado com o Feng Shui*. Desde a publicação desse livro, a limpeza do espaço tornou-se um nome genérico para todos os tipos de técnica de limpeza energética. No entanto, a cerimônia específica que eu desenvolvi é a única cuja eficácia eu garanto e o único tipo de limpeza do espaço a que eu me refiro neste livro.

Para que sua vida caminhe bem, é fundamental ter um bom fluxo de energia vital, ou *chi*, em casa e em seu local de trabalho. O Feng Shui ensina muitas maneiras de melhorar esse fluxo de energia, e a limpeza do espaço é uma das mais eficientes. É uma cerimônia simples e, no entanto, poderosa, destinada a limpar as energias estagnadas que se acumulam nas construções ao longo do tempo, e que são a causa de você se sentir estagnado na vida. Os resultados são impressionantes, e muitas pessoas decidem fazer dela parte do seu programa regular de manutenção, de modo que o espaço se torna energética e fisicamente limpo e ordenado. Todas as construções, não importa quão bem planejadas tenham sido, beneficiam-se com o fato de isso ser feito de tempos em tempos, e o Feng Shui sempre funciona melhor e mais depressa quando executado em conjunto com a limpeza do espaço.

Três causas principais para a estagnação de energia são abordadas pela limpeza do espaço:

- A sujeira física.
- A energia anterior.
- A bagunça.

Sujeira física

Com essas palavras refiro-me a todos os tipos de sujeira, poeira, lixo, fuligem, graxa, gordura, incrustações, gosmas. Energia de baixo nível sempre se acumula em torno da sujeira, daí o velho adágio "a limpeza está perto da religiosidade". Fazer uma boa limpeza é parte essencial da cerimônia de limpeza do espaço.

Energia anterior

Tudo o que acontece numa construção fica registrado nas paredes, no assoalho, nos móveis e nos objetos. Esse registro vai-se acumulando gradualmente em camadas, de maneira parecida com o acúmulo da sujeira, exceto pelo fato de que não conseguimos vê-lo, mas ele nos afeta muito. Por exemplo, se você se muda para uma casa cujos antigos moradores eram um casal feliz, é provável que você também encontre felicidade matrimonial nessa casa. Se, pelo contrário, os antigos moradores eram infelizes, se divorciaram, adoeceram, foram à falência, engordaram demais ou um milhão de outras coisas, essas energias permanecem na construção e, em geral, farão com que a história se repita. Essas frequências prolongadas criam uma estagnação da qual você certamente vai querer se ver livre.

Bagunça

Qualquer tipo de bagunça cria obstáculos ao fluxo suave da energia de um espaço. Isso, por sua vez, cria estagnação e confusão na vida de seus ocupantes.

Enquanto a energia anterior pode ser purificada em poucas horas com a cerimônia de limpeza do espaço, eliminar a sujeira e arrumar a bagunça pode tomar um pouco mais de tempo. De fato, é bastante comum, para mim, ouvir leitores dizendo que passam rapidamente pelos capítulos iniciais de meu primeiro livro e, quando chegam ao capítulo que trata da desordem, o marcador de página permanece ali durante seis meses ou mais, até que tenham realizado o trabalho necessário para poder continuar a leitura!

São estes os tipos de cartas que recebo:

> *"Acabei de eliminar a maior parte da desordem e agora estou preparada para fazer a cerimônia de limpeza do espaço. Sinto que, nos últimos seis meses, eu não só pus em ordem cada armário de minha casa, como também cada parte de minha vida. Já me sinto mais saudável e mais feliz do que vinha me sentindo há anos".*

"Li o capítulo a respeito da desordem em seu livro e decidi pôr mãos à obra. Estou em meu décimo quarto saco de entulhos e continuo animada. Meu marido está perplexo, porque pediu durante anos que eu fizesse isso."

"Quando eu limpei meu arquivo, encontrei ações que hoje estão valendo quatro mil dólares. Seu livro certamente se pagou."

O próximo capítulo começará a explicar com mais detalhes por que a maior parte de sua adorável bagunça é uma obstrução em sua vida e não o ajuda em nada.

2.

O problema com a bagunça

Nas minhas consultas de Feng Shui, de limpeza do espaço e de eliminação da bagunça, tive a oportunidade de visitar muitas casas e de escarafunchar lugares a que, de outro modo, as pessoas normalmente jamais me deixariam ter acesso. Em consequência desse privilégio inusitado (e, às vezes, dúbio!), fui capaz, ao longo dos anos, de identificar e de verificar os tipos de problemas causados pela desordem.

Bagunça e Feng Shui

É importante compreender quanto a eliminação da bagunça é uma parte intrínseca e fundamental de toda a prática do Feng Shui. A maioria dos livros publicados a respeito do assunto mencionava isso apenas de passagem ou nem sequer o mencionava. Talvez supusessem que seus leitores já tivessem lidado com a desordem, mas a verdade é que a maior parte deles não tinha feito isso. Fico feliz em dizer que atualmente todos os livros de fato bons sobre Feng Shui têm uma seção sobre a desordem e a tratam com a devida importância.

Não considero que a eliminação da bagunça seja um processo e o Feng Shui seja outro. Entendi que a eliminação da desordem é um dos aspectos mais poderosos e transformadores que existem no Feng Shui, e, na maior parte dos casos, as curas e melhorias produzidas pelo Feng Shui são, na melhor das hipóteses, eficazes apenas em grau mínimo até que o trabalho de limpeza seja realizado.

Se você vem usando o Feng Shui há anos sem saber da importância de lidar com a bagunça, você se encantará com o surto de energia que emerge da eliminação dela. E se você é apenas um iniciante no Feng Shui, ficará agradavelmente surpreso ao constatar que os primeiros passos, e os mais importantes, para o aprendizado dessa arte já estão a seu alcance.

Bagunça é energia estagnada

No inglês, a palavra "bagunça" (*clutter*) deriva de *clotter*, palavra do inglês medieval que significa "coagular" — portanto, trata-se de estagnação, como você pode perceber.

A bagunça se acumula quando a energia fica estagnada; da mesma maneira, a energia fica estagnada quando a bagunça se acumula. No início, a bagunça é um sintoma do que está acontecendo em sua vida; em seguida ela torna-se parte do próprio problema, pois quanto mais bagunça você faz, mais energia estagnada atrai para você.

Você já viu isso acontecendo. Imagine que está descendo uma rua e vê alguém, distraído, jogar fora um maço de cigarros vazio num canto da calçada. No dia seguinte, você passa pelo mesmo lugar e vê que ao maço vazio juntaram-se outros tipos de resíduos. Em pouco tempo, aquilo se torna um verdadeiro amontoado de lixo. A desordem acumula-se da mesma maneira em sua casa. Começa pequena e, então, lenta e insidiosamente, cresce cada vez mais — isso também acontece com a energia estagnada ao redor dela, que passa a estagnar também sua vida.

Se você, de alguma maneira, puser de novo sua vida em movimento, instintivamente vai querer eliminar a bagunça de sua casa e recomeçar com ânimo revigorado. Sentirá que essa é a coisa óbvia a ser feita. Uma das abordagens da eliminação da bagunça consiste em empreender um curso de aperfeiçoamento pessoal e esperar até o ponto em que não suportará mais ver a desorganização a seu redor. Há muitos livros que tratam de aperfeiçoamento pessoal. Você também pode participar de cursos sobre esse tema (e certamente eu recomendo que faça isso), mas, se tomar esse caminho, poderá demorar um pouco até que fique inspirado o bastante para eliminar sua bagunça.

O que eu ensino neste livro é uma nova abordagem — pôr sua vida em ordem livrando-se de sua bagunça – que resultará numa tremenda renovação da energia de sua força vital. Trata-se de algo prático e palpável que você pode fazer para, de fato, ajudar a si mesmo.

A energia estagnada é muito pegajosa

Esse é o motivo pelo qual é tão fácil deixar que a bagunça tome conta. Você precisa ter razões muito fortes para se sentir estimulado a ponto de fazer algo a respeito. É disso que trata o capítulo seguinte.

3.
Eficiência na eliminação da bagunça

Todos os aspectos de sua vida estão energeticamente ancorados no espaço em que você vive, por isso a eliminação da bagunça pode transformar toda sua existência.

Faça uma boa limpeza em sua vida

Na década de 1980, eu era uma das principais *rebirthers* de Londres (o *rebirthing* [renascimento] é uma maneira de liberar bloqueios internos por meio da respiração). Sempre fui eficiente em motivar as pessoas a se ajudarem, e comecei a sugerir a eliminação da bagunça como uma "lição de casa" suplementar para alguns de meus clientes que estavam estagnados na vida. Sem dúvida, no processo de fazer uma triagem em seus pertences, separando o que valia a pena guardar ou não, fizeram substanciais incursões na triagem de si mesmos. Nos casos mais extremos, eu me propunha a realizar o *rebirthing* na casa da pessoa, e não na minha. Creio que ao perceber a diferença entre como a casa deles os fazia se sentir e como se sentiam na minha, eles se envergonhavam, e isso os obrigava a agir.

Lembro-me, em particular, de uma cliente de longa data, uma jovem que estava se recuperando do vício em heroína. Depois que teve uma série de recaídas, compreendi que precisava recorrer a uma abordagem mais firme. Recusei-me a trabalhar de novo com ela, a menos que fizéssemos uma sessão em sua casa, e ela cumpriu a promessa de abandonar o vício, deixando a casa preparada para uma sessão de *rebirthing*. Fazer isso foi algo muito difícil para ela. Sua autoestima baixara tanto ao longo dos anos que ela estava vivendo na imundície. Porém, pôs-se a trabalhar com vontade e, sentindo-se triunfante, convidou-me para que fosse a seu apartamento algumas semanas depois. Saltava aos olhos quanto trabalho havia sido feito, e também era notável a mudança dela mesma nessas semanas. As poucas sessões seguintes de terapia foram de profundas rupturas para ela.

Alguns anos depois, encontrei-me por acaso com ela num lugar público e não a reconheci. Transformara-se numa mulher que irradiava beleza, repleta de felicidade e de amor pela vida, com uma carreira bem-sucedida, na qual fazia o que sempre sonhara. Disse-me que a mudança começara em nossas sessões, e que jamais voltara a tocar na heroína nem olhara para trás. Eliminando a bagunça, ela fez uma boa limpeza em sua vida também.

Você e sua casa

A razão pela qual a eliminação da desordem é tão eficiente é que, enquanto a pessoa está pondo em ordem seu mundo exterior, mudanças também ocorrem no âmbito interior. Tudo a seu redor, em especial o ambiente doméstico, espelha seu eu interior. Por isso, ao mudar sua casa você também muda as possibilidades de sua vida. A remoção dos obstáculos ao fluxo harmonioso de energia no ambiente em que você vive cria mais harmonia em sua vida e abre espaço para que novas e maravilhosas oportunidades cheguem até você.

Corra atrás disso!

Uma mulher que participou de um dos meus seminários ficou tão inspirada que foi até sua casa, ligou para uma instituição de caridade e disse: "Vocês precisam mandar um caminhão!" Ela só deixou cinco peças de vestuário em seu guarda-roupa, livrou-se de seu velho aparelho de som e de pilhas e pilhas de quinquilharias. Ao fazer isso, liberou quantidades imensas de energia estagnada, o que abriu espaço para a entrada de algo novo. Uma semana depois, recebeu um cheque pelo correio, enviado por sua mãe, de cinco mil libras e saiu na mesma hora para comprar todo um novo guarda-roupa de trajes maravilhosos, um novo equipamento de som e tudo o mais que estava querendo.

Ela me disse que o cheque foi totalmente inesperado, e que a última vez que a mãe havia lhe enviado algum dinheiro tinha sido dez anos antes. Nunca recomendei que alguém fizesse uma limpeza tão radical, mas para ela com certeza funcionou.

Eis uma outra carta inspiradora que recebi de uma professora que leu meu livro e também decidiu acabar com a bagunça em grande escala:

"Cinco meses depois que minha mãe faleceu, eu precisava fazer alguma coisa para superar a sensação de que eu estava sufocando. Peguei seu livro... e foi MUITO estimulante e animador. Livrei-me da bagunça que fora se acumulando e juntando poeira durante vinte anos! Sacos de coisas foram jogados fora e MUITOS mais estão prontos para doação. Durante um mês de triagem, descartando e limpando, recebi um inesperado cheque de cinco mil dólares, descobri uma herança de três mil dólares, encontrei vales-presente e vales-desconto no valor de quatrocentos dólares, descobri uma renda mensal e ainda juntei 75 dólares em moedas e dinheiro trocado. Foi maravilhoso receber toda essa renda adicional, mas o melhor de tudo é que eu já não me sinto sobrecarregada; estou cheia de energia. Sinto-me aconchegada e feliz em minha casa. Estou lendo sobre Feng Shui e aplicando alguns princípios em casa e em minha sala de aula. Obrigada por me fazer começar".

Cartas como essa chegam diariamente a minha caixa de e-mails e, na verdade, foram elas que me inspiraram a escrever este livro. Claro, nem todo mundo poderá colher ganhos financeiros ao lidar com a bagunça. Eu escolhi essas histórias porque elas mostram quão tangíveis os resultados podem ser.

4.
O que é exatamente a bagunça?

O *Dicionário Oxford* define bagunça como "uma coleção de coisas amontoadas e desarrumadas". Sim, isso é uma parte da bagunça, mas só a descreve no nível puramente físico.

Em minha definição, há várias categorias de bagunça.

- Coisas que você não usa e de que não gosta.
- Coisas que estão desarrumadas ou desorganizadas.
- Muitas coisas num espaço muito pequeno.
- Qualquer coisa inacabada.

Vamos examinar cada uma delas para que você não tenha dúvidas, enquanto lê este livro, a respeito de qual deve ser seu foco.

Coisas que você não usa e de que não gosta

Coisas de que você gosta, que usa e aprecia criam energias fortes, vibrantes e alegres, e permitem que a energia flua no espaço em torno delas. Se você tem um objetivo bem nítido em sua vida e se cerca de coisas dotadas dessa maravilhosa energia que flui livremente, você terá uma vida feliz, alegre, em que tudo corre bem. Pelo contrário, tudo o que for negligenciado, esquecido, não desejado, não amado ou não utilizado fará com que a energia de sua casa fique estagnada; então, você sentirá que sua vida não está indo para a frente.

Você está ligado a todas as coisas que possui por meio de finos fios de energia. Quando sua casa está cheia de coisas de que você gosta ou das quais faz bom uso, isso se torna uma fonte inacreditável de apoio e de progresso. A bagunça, por outro lado, draga sua energia e, quanto mais você a mantiver, mais ela o afetará. Quando você se livra de tudo o que não tem significado ou importância real para você, então, literalmente, você se sente mais leve de corpo, de mente e de espírito.

Coisas que estão desarrumadas ou desorganizadas

Essa categoria é para as pessoas bagunceiras e para as desorganizadas incorrigíveis. Mesmo que você reduza suas coisas apenas àquilo que usa e de que gosta, sua casa ainda estará bagunçada se elas estiverem esparramadas por todos os cantos e for difícil encontrar determinados objetos quando você precisa deles. Provavelmente, como acontece com a maior parte das bagunças, o que você está mantendo é a ordem no caos e, ainda mais, você precisa manter coisas expostas bem a sua vista para se lembrar de assuntos importantes que tem para resolver.

Mas se alguém, de fato, o coloca em xeque e lhe pergunta onde está determinada coisa, na melhor das hipóteses você sabe apenas a direção genérica dela e raramente tem certeza da localização precisa.

A vida de qualquer pessoa funciona melhor quando ela sabe onde as coisas estão. Por exemplo, pense a respeito de sua cama. A conexão energética entre você e sua cama é direta e clara. A não ser que você seja do tipo nômade, você sabe muito bem onde ela está e pode-se ligar mentalmente a ela em microssegundos. Pense agora nas chaves de sua casa. Você sabe onde elas estão ou tem de pensar muito para chegar até elas? E quanto àquela conta que você precisa pagar? Onde ela está? Quando suas coisas estão embaralhadas e confusas, os fios entre você e elas assemelham-se a um espaguete emaranhado. Isso cria tensão e confusão em sua vida em vez da paz e da clareza que você sente quando sabe onde tudo está.

Nessa categoria, a bagunça consiste em coisas que não têm lugar definido, ou que têm mas foram retiradas dele e ficaram misturadas a todo o resto. Muitas coisas parecem simplesmente surgir em sua vida; você não tomou uma decisão consciente ao adquiri-las. Elas incluem a correspondência que chega sem trégua e que, de maneira assustadora, se espalha pelos cantos mais inesperados de sua casa e outros pedaços de papel, vindos não se sabe de onde, que se acumulam em pilhas enormes, resistindo, desafiadoras, a todas as suas tentativas para classificá-los e ordená-los. Também há aquelas compras por impulso. Você as traz para casa e diz para si mesmo: "Por enquanto, vou deixar isto aqui". E pode acontecer de aquilo ficar ali durante meses, anos ou até mesmo décadas, sempre parecendo ligeiramente fora de lugar e provocando um leve incômodo nos bastidores de sua mente.

Não estou defendendo uma organização radical. Uma casa muito bem-arrumada, onde tudo está em ordem, é energeticamente estéril e pode ser tão problemática quanto aquela onde impera uma completa bagunça. Mas sua casa é uma representação externa do que está ocorrendo dentro de você; assim, se as coisas estão em confusão do lado de fora, há também algum tipo de confusão dentro de você. Ordenando o exterior, o interior começa nitidamente a se encaixar.

Muita coisa num espaço pequeno demais

Às vezes, o problema é apenas uma questão de espaço. Sua vida ou sua família se expandiram, mas sua casa continuou do mesmo tamanho ou, então, nunca foi grande o bastante. Você pode ser muito criativo quando se trata de guardar coisas; mas quanto mais abarrota o espaço em que vive, menos espaço sobra para a energia se movimentar e mais difícil fica fazer qualquer coisa. Com desordem do tipo "coisas em demasia para o espaço disponível", sua casa não consegue respirar, e sua própria respiração fica limitada e superficial (quando foi a última vez que você de fato respirou profundamente e encheu os pulmões?); você se sente constrangido diante da vida.

A única solução é se mudar para um lugar maior ou livrar-se de grande parte de suas coisas. Você ficará surpreso ao perceber o quanto se sentirá melhor, seja qual for a sua opção.

Qualquer coisa inacabada

Essa forma de bagunça é mais difícil de ver e mais fácil de ignorar do que as outras, mas seus efeitos têm longo alcance. Qualquer coisa inacabada, seja física, mental, emocional ou espiritual, deixa em desordem sua psique.

Coisas com que você não lida na casa refletem questões com que você não lida na vida e são um constante escoadouro de energia. São consertos insignificantes, como reparar a gaveta quebrada ou consertar a torneira que pinga continuamente, mas também podem ser tarefas de maior fôlego, como redecorar a casa, consertar o ar-condicionado ou dar um jeito na selva na qual seu jardim se transformou. Quanto maior a escala, mais sua capacidade de seguir em frente com a vida é afetada.

Botões que precisam ser pregados, chamadas telefônicas que você precisa fazer, amizades que precisa deixar de lado e muitas outras formas diferentes de "pontas soltas" dificultam seu progresso se você não lidar com elas. A mente subconsciente suprime escrupulosamente essas coisas se você lhe pede isso, mas uma boa dose de sua energia está sendo despendida. Você ficará surpreso ao perceber como seus níveis de vitalidade aumentarão se completar todos os assuntos pendentes.

O próximo capítulo examinará como esses tipos de desordem o afetam, de uma maneira que você talvez nunca tenha suspeitado.

5.

Como a bagunça afeta você

Em sua maioria, as pessoas não têm ideia de quanto a bagunça as afeta. Você pode acreditar sinceramente que certas coisas em sua casa são importantes propriedades pessoais ou, pelo menos, que serão depois que você as classificar e organizar. Mas depois que começar a se desfazer delas, perceberá como se sente muito melhor.

A bagunça o afeta de acordo com o tipo de pessoa que você é, com a quantidade de coisas que você tem, com o lugar de sua casa onde você as mantém e com o tempo em que essas coisas estão com você. Eis alguns dos principais efeitos que você precisa observar.

A bagunça pode fazer você se sentir cansado e letárgico

Em sua maioria, as pessoas que acumulam bagunça dizem que não conseguem encontrar a energia necessária para começar a limpeza. Sentem-se o tempo todo cansadas. De fato, a energia estagnada que vai se acumulando ao redor da bagunça causa cansaço e letargia. Fazer a limpeza libera a energia de sua casa e libera em seu corpo uma nova vitalidade. Eis o que as pessoas me dizem:

> "Fiquei acordado lendo seu livro até bem tarde e fiquei tão 'ligado' que não consegui dormir. Finalmente, levantei-me da cama e comecei a eliminar minha bagunça; fui até as quatro horas da madrugada! Tive de ir trabalhar de manhã, mas não me senti nem um pouco cansado".

> "No início, eu estava assustado com o enorme volume de minha bagunça, mas sabia que tinha de eliminá-la. O que me assombrou foi como eu me senti muito melhor depois de arrumar cada gaveta, e como a energia de algum modo vinha não sei de onde para me levar em frente e me fazer prosseguir com a arrumação."

> "Meu marido e eu acabamos de ler e reler juntos seu livro sobre arrumar a bagunça. Há mais de um ano tenho tentado encorajá-lo a se livrar de alguns de seus pertences e obsessões. Eu leio alguns parágrafos em voz alta, e ele fica animado como nunca o vi antes. Ele se livrou de tanta bagunça e em tão pouco tempo que nós nem pudemos acreditar. Ele está com muito mais energia e finalmente encontrou tempo para terminar a leitura!"

A bagunça pode retê-lo no passado

Quando todo o espaço disponível está cheio de bagunça, não há lugar para que algo novo entre em sua vida. Seus pensamentos tendem a habitar o passado, e você se sente atolado em problemas que o vêm perseguindo há algum tempo. Você tende a olhar para trás e não para a frente, e a culpar o passado por sua situação atual em vez de assumir a responsabilidade por criar um futuro. Eliminando a bagunça você pode lidar com seus problemas e seguir em frente. É vital liberar o passado para criar um futuro melhor.

A bagunça pode congestionar seu corpo

Quando você tem montanhas de bagunça, a energia de sua casa fica congestionada e seu corpo também. Gente que vive no meio da bagunça geralmente não faz muito exercício, está o tempo todo constipado, tem a aparência embotada e a pele sem vida, e nenhuma vitalidade nos olhos. Pessoas com pouca bagunça na vida geralmente são mais ativas, têm pele fresca e radiante, e brilho nos olhos. A escolha é sua.

A bagunça pode afetar seu peso

Um fato curioso que tenho notado ao longo dos anos é que as pessoas que vivem na bagunça também têm, em geral, excesso de peso. Creio que isso se deve ao fato de que tanto o corpo obeso quanto a bagunça são formas de autoproteção. Amontoando camadas de gordura ou de bagunça ao redor de si mesmas, algumas pessoas esperam amortecer os choques da vida e, particularmente, as emoções com as quais têm dificuldade de lidar. Criam a sensação de que são capazes de controlar as coisas e impedi-las de causar efeitos muito profundos. Porém, isso é uma ilusão. Nas palavras de Oprah Winfrey:

> *"O que eu aprendi ao longo de minha provação de treze anos com o meu peso é que realmente não se pode começar a mudar o corpo físico até que,*

antes de mais nada, descubra-se aquilo que nos está segurando do ponto de vista emocional. A razão pela qual não avançamos em nossa vida são nossos medos, que nos puxam para trás, coisas que nos impedem de ser o que estamos destinados a ser".

Descobri que as pessoas com excesso de peso têm muito medo. E elas enterraram profundamente dentro de si o medo que precisam superar para conseguir eliminar a bagunça de sua vida. No entanto, muitos me escrevem para que eu saiba quanto é liberador o sentimento de se livrar de toda a bagunça e como o processo permite que, num passe de mágica, toda a gordura vá embora também. Eles me dizem que é muito mais fácil encarar a "dieta da casa" do que uma dieta do corpo; quando começam a cuidar do ambiente em que vivem, sentem um impulso natural para cuidar melhor de si mesmos. Como disse uma mulher: "Depois de eliminar todas as porcarias que guarda na sua casa, você não se sente bem se continuar a entupir seu corpo com porcarias comestíveis".

A bagunça impede que você pense com clareza

Se você vive cercado pela bagunça, é impossível ver com clareza o que está fazendo na vida. Quando você faz uma limpeza, consegue pensar com mais clareza e suas decisões ficam mais fáceis. Livrar-se da bagunça é uma das melhores medidas que conheço para você descobrir e criar a vida que está querendo.

A bagunça pode afetar a maneira como as pessoas o tratam

As pessoas o tratam da mesma maneira que você trata a si mesmo. Por isso, quando você se valoriza e cuida de si mesmo, as pessoas o tratam bem. Se você "se deixa levar" e permite que a desordem se amontoe a seu redor, pode atrair pessoas que, de alguma maneira, o tratem mal, pois, no subconsciente, sentirão que é isso que você merece.

Se sua casa é desmazelada, além de bagunçada, seus amigos podem gostar de você como pessoa, mas talvez seja difícil para eles respeitá-lo de fato, principalmente se você estiver sempre em débito com tudo o que precisa fazer, se não cumprir suas promessas porque é desorganizado e assim por diante. Quando você organiza sua casa, pode melhorar todos os seus relacionamentos.

A bagunça pode fazer você adiar as coisas

Se você vive no meio da bagunça, pode ter a tendência de deixar tudo para o dia seguinte. Sua energia fica estagnada e você pode achar mais difícil fazer qualquer coisa. Depois de eliminar a bagunça, é provável que você se surpreenda (e que surpreenda a todos) querendo fazer coisas que vem adiando há muito tempo. As pessoas subitamente sentem-se motivadas a cuidar do jardim, a retomar os estudos, ligar para um amigo, tirar férias e assim por diante. As cartas que recebo mencionando apenas esse efeito da eliminação da bagunça são surpreendentes!

"Meu marido morreu há cinco anos e eu continuava a adiar a tarefa de me desfazer de seus pertences. Seu livro, finalmente, deu-me coragem para empacotar todas as roupas dele e levá-las para doação. Foi como se

um sopro de ar fresco entrasse em minha vida. Sei que é difícil acreditar nisso em minha idade (tenho 71 anos), mas me matriculei num curso de informática."

"Enquanto eu estava arrumando meu sótão, encontrei cartas enviadas por amigos queridos que se mudaram para o estrangeiro; as lágrimas rolaram quando percebi o quanto sentia falta deles e lamentei ter perdido o contato. Para resumir a história, eliminei a bagunça do sótão e peguei um avião para ir visitá-los. Tivemos o mais maravilhoso dos encontros. Agora estou pensando seriamente em me mudar para lá."

"Esse negócio de eliminação da bagunça parece que entrou no meu sangue. Não contente com arrumar cada armário de minha casa, eu agora me levanto bem cedo a cada manhã para limpar o jardim. Onde isso irá acabar?"

A bagunça pode causar desarmonia nos seus relacionamentos

A bagunça é uma das principais causas de discussão nas famílias, entre pessoas que moram na mesma casa e entre sócios e colegas de trabalho. Se você vive ou trabalha enterrado até os joelhos em suas coisas, e as pessoas ao seu redor são organizadas, o estilo de vida delas não impedirá seu progresso, porém sua bagunça, com certeza, impedirá o delas.

Elimine a bagunça e vocês poderão descobrir maiores possibilidades com relação ao que podem realizar juntos, e isso é muito mais interessante que discutir sobre bagunças mundanas!

A bagunça pode deixá-lo constrangido

Talvez você tenha atingido o estágio em que a bagunça em sua casa é tão grande e a desordem é tamanha que você tem vergonha de convidar as pessoas para visitá-lo, e entra em pânico se alguém chega sem avisar. O que você prefere: viver em solitário isolamento com seu lixo ou fazer uma boa limpeza, recuperar sua autoestima e regenerar sua vida social com confiança?

A bagunça pode amarrar sua vida

Um adorável casal de idosos com que me encontrei morava numa bela mansão de quinze cômodos. Todos os filhos já estavam crescidos e tinham deixado a casa, e eles viviam um casamento feliz e amoroso. As áreas sociais e os dormitórios que pertenciam a cada um dos filhos estavam arrumados e eram mantidos assim. No entanto, com o passar do tempo, a maior parte do dormitório do casal e três outros quartos tinham desaparecido completamente sob um mar de bagunça. Um dos quartos parecia uma loja de quinquilharias, com ornamentos e bugigangas de todo tipo amontoados em pilhas; em outro havia montes de roupas até a altura da cintura; e o terceiro quarto tinha tranqueiras e caixas de coisas herdadas de uma tia que "precisava pôr as coisas em ordem".

Quando indagados, admitiram que gostariam de viajar e desfrutar juntos os últimos anos da vida, mas esses quartos de bagunças ficavam resmungando durante o tempo todo na parte de trás de suas mentes. Sempre que surgia a ideia de fazer uma viagem, eles decidiam que não podiam viajar enquanto não arrumassem aquela bagunça. Na verdade, a vergonha que sentiam pela desordem dos cômodos manteve-os em casa durante anos!

Não deixe sua vida se esvair entre os dedos. Sente-se agora mesmo e faça uma lista de todas as coisas que gostaria de fazer se sua bagunça fosse eliminada e deixe que essa perspectiva o inspire para que siga em frente com a arrumação.

A bagunça pode deprimir você

A energia estagnada da bagunça puxa você para baixo e pode deixá-lo deprimido. Na verdade, ainda não encontrei uma pessoa deprimida que não estivesse cercada de bagunça. Sentimentos de desânimo são adubados pela desordem e, até certo ponto, podem ser amenizados quando a bagunça é eliminada e se cria espaço para o novo. O motivo de eu acreditar que isso funciona é que a maioria dos tipos de depressão é causada pelo Eu Superior dizendo que é preciso parar de fazer o que sempre se tem feito, pois chegou a hora de mudar.

Se você está tão deprimido que não consegue sequer pensar em fazer uma limpeza, pelo menos mantenha sua bagunça fora do chão (pessoas deprimidas tendem a empilhar a bagunça num nível mais baixo); isso elevará sua energia e também seu humor. Também seria uma boa ideia checar a tensão geopática de sua casa (a energia nociva que irradia da terra). A bagunça acumula-se com frequência em áreas geopaticamente tensas e pode muito bem ser também um dos fatores que causam sua depressão. Veja o capítulo sobre tensão geopática em meu livro *Criando Espaço Sagrado com o Feng Shui* para obter mais informações sobre o assunto.

A bagunça pode causar excesso de bagagem

Se há muita bagunça em sua casa, você com certeza vai querer levar uma parte dela quando viajar. As pessoas viciadas em bagunça precisam, muitas vezes, pagar por excesso de bagagem devido a todas as coisas que arrastam consigo, "apenas para o caso de" virem a precisar delas, e isso sem mencionar todos os *souvenires* que compram durante a viagem.

Elas também tendem a causar excesso de bagagem do tipo emocional. Você costuma exagerar, fazer dramas sem necessidade, ficar transtornado devido a insignificâncias imaginadas? Aprenda a ficar mais leve fisicamente e descubra que também pode ficar mais leve do ponto de vista emocional, desfrutando muito mais da vida.

A bagunça pode entorpecer sua sensibilidade, impedindo-o de gozar a vida

Assim como as coisas amontoadas abafam os sons e entorpecem a atmosfera de sua casa, também entorpecem sua capacidade de viver plenamente. Você pode tornar-se uma vítima dos hábitos e sentir que vive numa rotina enfadonha, fazendo sempre as mesmas coisas, dia após dia, ano após ano. Você pode até se tornar uma pessoa desinteressante. A eliminação da bagunça permite que os ventos frescos da inspiração entrem em sua casa e em sua vida. Mesmo que ele sopre na sua casa só de tempos em tempos, a energia se revigora.

Uma limpeza completa é absolutamente essencial se você quer de fato sentir paixão, alegria e felicidade em sua vida. Esses sentimentos são a experiência de uma grande energia que flui através de seu corpo, e isso não pode acontecer se os canais estiverem obstruídos.

A bagunça pode exigir uma limpeza extra

É necessário no mínimo o dobro de tempo para limpar um ambiente bagunçado. Quanto maior a bagunça, mais a poeira se acumula, mais a energia fica estagnada e menos inclinado você fica a fazer a limpeza. É uma espiral descendente.

Pense apenas em todas as coisas divertidas que você poderia fazer na vida se eliminasse a bagunça e cortasse pela metade o tempo da limpeza. Se você tem alguém que limpe tudo para você, pense em quanto dinheiro pode economizar diminuindo os dias de faxina.

A bagunça pode fazer de você uma pessoa desorganizada

Com que frequência você perde as chaves, os óculos, a carteira? Quantas vezes você procurou alguma coisa, acabou desistindo e finalmente a encontrou semanas ou meses depois? Em geral, parece mais fácil sair e comprar um item novo em vez de continuar procurando aquilo que você sabe que tem?

A desorganização desperdiça tempo, o que é frustrante e o faz sentir-se um fracasso. Muitas pessoas são desorganizadas em nome de um protesto, que vem de longa data, contra a disciplina paterna ou materna imposta a elas quando jovens, mas continuar com isso por toda a vida é muito prejudicial.

É estimulante assumir o controle da casa e fazer o que se quer fazer, em vez de deixar que assuntos não resolvidos da infância governem sua vida.

A bagunça pode causar risco à saúde ou representar perigo de incêndio

Quando a bagunça começa a cheirar mal, atrair insetos e outros pequenos animais daninhos, causar umidade, mofo ou quando começa a se desintegrar de alguma maneira, torna-se anti-higiênico mantê-la — para você e também para seus vizinhos. Além disso, alguns tipos de bagunça podem representar risco de incêndio.

Se você valoriza sua saúde e sua segurança e prefere estar em paz com seus vizinhos, faça uma limpeza completa antes que as coisas piorem ainda mais (certamente não irão melhorar por si mesmas!).

A bagunça pode criar uma simbologia indesejada

Que mensagem sua bagunça envia simbolicamente para você? O Feng Shui nos ensina a ser bastante seletivos em relação a quadros, fotografias e objetos decorativos que temos ao nosso redor, pois todos carregam uma mensagem. Acho surpreendente constatar como é frequente encontrar pessoas que se apegam a objetos que dizem ter grande valor sentimental e, não obstante, representam de maneira simbólica exatamente o que elas dizem não querer mais.

Para dar alguns exemplos simples, se você é solteiro e está à procura de uma nova parceira, dispense seus objetos solitários e os retratos em que aparece sozinho e substitua-os por objetos que formem pares e por retratos de casais. Se você é inclinado a discussões, não use muito vermelho na decoração. Se tem tendência a se sentir deprimido, livre-se de todas as coisas que estão penduradas em sua casa e as substitua por objetos que apontem para cima e que levantem sua energia.

Quando você ler, mais adiante, o Capítulo 15, "A simbologia do Feng Shui e a bagunça", e descobrir que está enviando sinais errados para aquilo que quer na vida, vai querer eliminar metade de sua bagunça de uma só vez!

A bagunça pode custar caro

Quanto custa efetivamente manter toda sua bagunça? Às vezes, quando todos os outros argumentos lógicos falham, é a simples matemática financeira que traz as pessoas de volta ao bom senso.

Façamos alguns cálculos. Vá até cada cômodo de sua casa e faça uma estimativa da porcentagem de espaço ocupada por coisas que você raramente ou nunca usa. Seja bastante honesto consigo mesmo ao fazer isso. Se quiser a verdade gritante, inclua tudo aquilo de que você não gosta ou que não tenha usado de um ano para cá; para uma abordagem mais branda, estenda o período de tempo para dois ou três anos.

Numa casa de tamanho médio, você poderá acabar com uma lista que se parecerá bastante com esta:

1. Hall de entrada   5%
2. Sala de estar   10%
3. Sala de jantar   10%
4. Cozinha   30%
5. Dormitório 1   40%
6. Dormitório 2   25%

7.	Quarto de despejo	100%
8.	Banheiro	15%
9.	Porão	90%
10.	Sótão	100%
11.	Barracão do jardim	60%
12.	Garagem	80%
	Total da bagunça	565%

Agora, divida o total pelo número de áreas.
565% : 12 áreas = 47% (média de bagunça por cômodo!)

Portanto, nesse exemplo, o custo de armazenar bagunça soma uma parcela surpreendente de 47% do custo do aluguel ou do financiamento de sua casa. Recomendo com veemência que você faça agora mesmo seus próprios cálculos.

Talvez você tenha até atingido o estágio em que as coisas ultrapassaram os limites da sua casa e você está pagando, em outro lugar, aluguel de um espaço para armazenamento. Os proprietários desses depósitos relatam um grande crescimento nessa atividade comercial nos últimos anos. Em áreas urbanas é necessário, com frequência, fazer reserva com vários meses de antecedência se você quiser alugar um espaço para armazenamento. Será que esse gasto realmente vale a pena? Não há algo mais interessante em que você possa utilizar esse dinheiro?

Existem, ainda, outras maneiras de a bagunça custar caro para você. Por exemplo, o custo do tempo que você gasta fazendo compras para alimentar a bagunça e procurando um lugar para colocar o que comprou, quando volta para casa. Há, muitas vezes, a despesa de comprar algo para armazenar as coisas. Estamos falando aqui de caixas, prateleiras, guarda-louças, guarda-roupas, gavetas, arquivos, baús e, nos casos mais extremos, a construção de um barracão nos fundos da casa, a instalação de pavimentos no sótão ou a construção de uma segunda garagem. Também há o custo de limpar a bagunça; de mantê-la livre da umidade; de protegê-la das intempéries e de cupins, traças e outras pragas; e de transportá-la quando você se muda de casa. Às vezes, as pessoas decidem colocar toda a bagunça no seguro e instalar um sistema de segurança para protegê-la. Por fim, há o tempo, as despesas e a energia emocional que você gasta para se livrar de tudo isso quando, por fim, percebe que aquelas coisas não ajudam em nada. Será que vale a pena juntar bagunça?

Todos esses custos, em geral, totalizam mais que o valor das coisas em si. Pense nisso. Você está despendendo todo esse tempo, dinheiro e esforço para comprar coisas que nunca irá usar e paga para mantê-las indefinidamente, sem nenhuma razão para isso!

A bagunça pode tirar o seu foco das coisas importantes

Você é dono de suas coisas ou elas é que são donas de você? Tudo o que você possui exige uma parcela da sua atenção e, quanto mais desordem você tem, mais sua energia fica amarrada a assuntos inúteis. Como a última seção mostrou, toda bagunça requer algum tipo de cuidado. Quando você a elimina, fica livre para colocar as coisas importantes de sua vida em perspectiva, em vez de ficar constantemente enredado pelos detalhes da manutenção diária que ela requer.

Entender como sua bagunça pode afetá-lo o ajudará a olhar para ela de uma nova maneira e o levará a tomar novas decisões a respeito de mantê-la ou não. Uma parte vital desse processo de tomada de decisão também envolve entender o motivo pelo qual você começa a acumular a bagunça, que é o assunto do próximo capítulo.

6.

Por que as pessoas acumulam bagunça?

A resposta a essa pergunta é complexa e, ao ler as páginas seguintes, você descobrirá que os diferentes motivos ressoarão em você num grau maior ou menor.

Em todas as muitas consultas que fiz para ajudar as pessoas a eliminar a bagunça, o lixo é apenas o aspecto físico do problema. Há sempre camadas mais profundas subjacentes ao seu acúmulo. Desculpas como "estou muito ocupado/com preguiça/estressado" são tentativas de se desviar do assunto. Se você teve tempo para adquirir bugigangas (e as pessoas facilmente fazem isso), então, também tem tempo para eliminá-las. Essas defesas são usadas para se esquivar do problema sem ter de enfrentar as razões psicológicas que levam à acumulação.

Antes de prosseguir, quero dizer que acredito no fato de que todo mundo está sempre fazendo o melhor que pode. Desse modo, não vamos fazer nenhum julgamento a respeito de sua bagunça ou de outras pessoas. Você pode descartar qualquer culpa que porventura esteja sentindo. Se você tem bagunça em sua vida, então, por alguma razão, você precisou criá-la. Por isso, a bagunça que você tem agora foi perfeita para você até o presente momento.

O propósito deste capítulo é ajudá-lo a entender por que você precisou da bagunça. Essa compreensão vai ajudá-lo a se desfazer dela e a deixar de acumulá-la no futuro. Alguns padrões estão profundamente enterrados em sua mente subconsciente e, sem que você perceba, estão governando sua vida. Depois que ficar ciente deles, pouco a pouco eles perderão o poder, e logo você será capaz de olhar para trás e até mesmo rir de seu antigo e grotesco hábito de acumular bagunça.

Vamos examinar algumas das razões pelas quais você pode ter sentido necessidade de conservar as coisas indefinidamente.

Conservar as coisas "só por precaução"

Essa é a razão mais comum que as pessoas apresentam para acumular bagunça. "Não posso jogar isto fora", alegam, "porque com certeza será útil algum dia." Com certeza, é bom manter estoque de produtos usados regularmente, mas será que de fato você precisa de tudo (pense em algumas coisas) que esteve mantendo todos esses anos?

"Quem sabe", você responderá, lembrando-se de todas as vezes em que jogou fora alguma coisa e depois descobriu que precisava dela. Deixe-me explicar por que isso acontece e como mudar isso.

Conservar as coisas "só por precaução" indica falta de confiança no futuro. Se você se preocupa com o fato de que precisará de algo depois que o jogar fora, então, com certeza, pouco tempo depois, sua mente subconsciente gentilmente criará uma situação na qual você precisará do que jogou fora, por mais inútil que parecesse. "Eu sabia que precisaria daquilo um dia!", você exclama; porém, na verdade, você poderia ter evitado essa necessidade se pensasse de maneira diferente. Você mesmo criou essa necessidade ao acreditar que a teria! Se você tem montanhas de bagunça às quais se agarra por pensar assim, você está enviando uma mensagem de falta de confiança ao universo, e sempre se sentirá vulnerável e inseguro quanto ao futuro.

Com frequência, não é apenas em relação a seu próprio futuro que você se sente inseguro. Você também pode querer, de todo coração, ser capaz de ajudar os outros. Então, você poupa absolutamente tudo "apenas para o caso de" alguém mais precisar disso. Agora, você está poupando coisas em nome de outras pessoas e por temer situações que provavelmente nunca acontecerão. Isso faz com que você ache quase impossível se desfazer do que quer que seja!

Alguns dos exemplos mais impressionantes de bagunça do tipo "isso-pode-ser-útil-algum-dia" com os quais deparei até agora são:

- Cinco aquários guardados no sótão durante quinze anos por um homem que não gostava de peixes!
- Uma despensa onde estavam empilhadas até o teto garrafas, potes de margarina e caixas de ovos vazios e outras coisas semelhantes, nenhuma das quais jamais usada em mais de vinte anos.
- Um grande quarto de brincar cheio de brinquedos, conservados para a futura prole do filho homossexual do casal "apenas para o caso de" ele porventura ter filhos.
- Uma casa totalmente mobiliada, mantida por uma mulher que comprou uma nova casa ao lado e não queria enchê-la com suas bagunças.

Se você fizer uma pesquisa em sua casa, deve encontrar mais alguns itens absurdos para acrescentar a essa lista.

O bom é que, quando você tiver entendido plenamente seu próprio papel em criar utilidade para coisas de que por fim decidiu se livrar, isso deixa de acontecer. Quando decidir deixar que as coisas sigam seu rumo, você nunca precisará delas novamente ou, se voltar a precisar delas, coisas semelhantes ou melhores aparecerão de alguma maneira em sua vida no momento certo. É verdade que há um jeito certo de fazer isso, mas qualquer pessoa pode aprender. Quanto mais clareza e integridade tiver em sua vida, mais vai descobrir que as coisas vêm até você quando você precisa delas.

Identidade

Outra razão pela qual você poderá ficar preso a seus pertences deve-se ao fato de que, de alguma maneira, você sente que sua própria identidade está ligada a eles. Você pode olhar para o ingresso de um espetáculo ao qual assistiu anos atrás e dizer: "Sim, eu estava lá, eu assisti a esse espetáculo". Você pode olhar para um enfeite que lhe foi dado por um amigo e dizer: "Sim, eu tinha um amigo que gostava tanto de mim que me presenteou com isto". Conservando esses lembretes a seu redor, você se sente mais seguro a respeito de quem você é.

Tudo bem em conservar certos presentes e lembranças de tempos felizes, contanto que ainda tenham valor para você e que não haja tantos deles a ponto de prenderem demais sua energia no passado. Você pode garantir isso fazendo arrumações regulares a fim de manter as coisas das quais se cerca atualizadas com a pessoa que você se tornou.

No entanto, fazer uma limpeza nas recordações é algo que apresenta dificuldades únicas. Você, às vezes, identifica-se com elas tão fortemente que, ao se livrar delas, sente que está jogando fora uma parte de si mesmo; se for, por exemplo, o presente de um amigo, você sente como se estivesse desprezando a gentileza dele. Isso acontece em função dos sentimentos ambivalentes que nascem quando se trata de eliminar a bagunça de valor sentimental, e até certo ponto esses sentimentos são válidos. Nossos pertences ficam repletos da nossa frequência, e as coisas que utilizamos sempre, de que gostamos muito ou que nós mesmos criamos ficam impregnadas com nossa própria energia. Presentes vindos de amigos, itens estimados que eles "querem que você possua", estão permeados com a energia deles.

Essa é uma das razões mais profundas pelas quais as pessoas se sentem tão devastadas emocionalmente quando perdem tudo em consequência de roubo, incêndio, inundação ou outros desastres. Elas se lamentam por perder partes de si mesmas e de seus amigos junto com seus pertences (embora esses momentos possam ser oportunidades excelentes para um revigorante recomeço na vida).

O fato é que nossa própria continuidade e nosso bem-estar não dependem do fato de quaisquer objetos continuarem conosco. É perfeitamente correto desfazer-se dessas coisas. Se você se identifica muito com certos objetos e quer tornar as coisas mais fáceis para si mesmo, cuide para que se destinem a um novo lar. Desapegue-se deles com amor e ofereça-os a alguém que os aprecie e que vá usá-los. Fazendo isso você se sentirá mais culpado por se prender a eles do que por deixá-los seguir em frente, porque se você os conservar se tornará o obstáculo que os impede de obter uma nova relação de amor junto a alguém que realmente os valorize!

Status

Você também pode ficar preso às suas coisas por causa do status que elas lhe dão, ou por um sentimento que podemos chamar de "a grama do vizinho é mais verde que a minha" e geralmente indica baixa autoestima. Eu não estou dizendo que todos que moram numa mansão tenham baixa autoestima. Longe disso. Mas muitas pessoas criam as armadilhas da prosperidade ao redor de si mesmas só para manter as aparências, e nenhuma quantidade de bens será suficiente até que tentem resolver as questões mais profundas relacionadas ao próprio valor.

Na cultura ocidental, é muito comum perder de vista quem se é e o motivo pelo qual se está aqui; o mundo parece voltado para a posse. Em nenhum outro lugar esse fato é tão evidente como nos Estados Unidos, onde o status pessoal é definido geralmente não por quem você é mas pelo que você tem. No entanto, se você possui coisas por essa razão, está comprando uma ilusão, pois não poderá levar nada com você quando se for. O seu status como espírito eterno é definido por um conjunto de princípios alheio ao estabelecido em nosso mundo materialista e transitório.

Segurança

Embora não haja nada de errado em querer ter um lar confortável, que sirva a suas necessidades, há um ponto em que a motivação para adquirir coisas sai dos trilhos. A propaganda é planejada para atuar sobre nossa insegurança. "Se você não tiver um destes, será um ser humano inferior" é uma das persistentes mensagens subjacentes que recebemos diariamente. Para descobrir o quanto você é influenciado pela propaganda, eu o desafio a não ler anúncios publicitários na próxima vez em que sair às ruas. A não ser que esteja num país cujo idioma você não entende, é muito difícil deixar de lê-los. As mensagens de propaganda, de muitos milhões de dólares, estão incansavelmente nos condicionando com meios muito persuasivos, sem que nós nem percebamos. Somos bombardeados por elas — televisão, rádio, jornais, revistas, camisetas, internet — tudo nos incentivando a comprar, comprar, comprar.

O certo é que, independentemente de quanto tenha, você nunca se sentirá seguro. Tão logo adquira uma coisa, há sempre algo mais de que você "precisa". Além disso, você tem o problema adicional de se preocupar em não perder o que já possui. Algumas das pessoas mais inseguras que conheço são multimilionárias. Por fim você acaba percebendo que tudo está em constante mutação. Não existe essa coisa de segurança. Isso é um mito.

Territorialismo

Vamos examinar o que acontece quando você decide comprar alguma coisa nova. Suponha que está fazendo compras, procurando uma nova jaqueta. Você acha uma de que realmente gosta, deixa-a de lado por uns instantes para verificar se não existe outra de que goste ainda mais, e enquanto faz isso aparece outro cliente que pega a jaqueta e parece interessado em comprá-la. Você sente o pânico brotar — "aquela é a MINHA jaqueta", você pensa. E então sente um alívio quando o outro cliente a põe de lado e se afasta, poupando-o do embaraço de precisar dizer que você tinha visto a jaqueta primeiro. Esse sentimento pode ser muito intenso, mas, numa visão realista, trata-se apenas de uma peça de vestuário que, minutos antes, nem era tão importante.

Então, você compra a jaqueta, leva-a para casa e a conexão energética se fortalece. Se, no dia seguinte, a jaqueta for acidentalmente manchada, rasgada, destroçada por algum elefante que esteja de passagem, será uma calamidade! Um desastre! Um profundo desgosto! E, não obstante, dois dias atrás, antes que entrasse em sua vida, ela nada significava para você. O que aconteceu?

Esse territorialismo, esse desejo de possuir coisas provém de uma pequena parte condenável de você, ávida por possuir e controlar. Seu espírito já sabe que você nada possui. É uma questão de compreender que sua felicidade não depende de possuir coisas. Elas podem ajudá-lo em sua jornada, mas não são a própria jornada.

Baguncite herdada

Aprendemos com nossos pais a maior parte do nosso comportamento. E se um de nossos pais, ou ambos, são "bagunçólatras", é provável que os pais deles também tenham sido, e também os pais dos pais deles. Esses padrões são transferidos de geração para geração.

Para você entender a imensidão daquilo contra o que vai precisar se contrapor, se é que você vem de uma longa linhagem de "bagunçólatras", deixe-me relatar um fato surpreendente que descobri. Se você remontar a apenas seiscentos anos em sua árvore genealógica, cerca de vinte gerações, e se cada um dos seus ancestrais viciados em bagunça produziu uma prole de dois filhos, então, o número total de ancestrais diretos que você tem, desde o século XV, totaliza mais de um milhão de pessoas. É muito vício em bagunça contra o qual será preciso lutar.

A mentalidade do tipo "apenas por precaução" é parte do estado psicológico de consciência de pobreza (o oposto da consciência da prosperidade), que costuma ser transmitida de pai para filho. Você, você mesmo, pode nunca ter passado fome ou ter necessitado verdadeiramente de algo na vida, mas, devido ao fato de aqueles que o educaram terem passado outrora por essas agruras, eles instilaram em você os mesmos temores. Desse modo, na América do Norte as pessoas ainda têm uma bagagem emocional de temores transmitida desde a época da Grande Depressão de 1929; na Irlanda muitos carregam o legado da Grande Fome da Batata, da década de 1840; pessoas de muitas nações lembram-se do racionamento dos tempos de guerra; e assim por diante. Optando por pensar de maneira diferente, você pode se libertar das preocupações daqueles que o educaram. Quando dá um passo além e fica atento à abundância em vez de se preocupar com a carência, você alegremente deixa ir embora coisas de que não precisa mais. De fato, estará ansioso para deixá-las ir, a fim de criar espaço para que coisas boas cheguem até você.

O que acontecerá com seus filhos se você não aprender a lidar com a bagunça? Agora é a sua chance de fazer uma limpeza total na linhagem de sua família para todas as gerações que virão e também de melhorar seu próprio presente nesse processo.

A crença no quanto mais melhor

No Ocidente, todos temos um conjunto seleto de facas em nossas cozinhas. Temos facas pequenas para cortar coisas pequenas e facas grandes para cortar coisas grandes; algumas têm lâminas pontiagudas, outras têm bordas quadradas; algumas são leves, outras pesadas. Selecionamos cuidadosamente a faca mais apropriada para a tarefa que temos à mão.

Vá para Bali e descobrirá uma coisa interessante. Os lares não só têm uma única faca, que pode ser utilizada para muito mais propósitos do que podemos imaginar, como até mesmo uma criança de 5 anos costuma ser mais habilidosa com ela do que a maioria das cozinheiras ocidentais (basta pedir a uma delas para descascar um abacaxi para você!). Fomos submetidos a uma lavagem cerebral pelos magnatas da propaganda, que criaram em nós a necessidade de uma grande variedade de utensílios de corte, e agora a maioria de nós perdeu a habilidade de se virar sem eles.

Esse tema do "quanto mais melhor" é muitas vezes incutido em nós por fabricantes que querem criar uma necessidade a fim de vender seus produtos, e pessoas crédulas sempre se deixam convencer. Na próxima vez em que um desses catálogos de "bugigangas úteis que você não sabia que precisava" pipocar em sua caixa de e-mail, passe uma hilariante meia hora lendo-o e se convencendo de como a vida seria melhor se você tivesse esse dispositivo "não deslizante, com mil e uma utilidades, fácil de manejar e outras vantagens mais". Então encaminhe alegremente o e-mail para a lixeira sem encomendar nada. Desistir diante da iminência de certas compras é um ato muito revigorante, e de qualquer maneira você nunca teria usado aquele equipamento!

Avareza

Os "bagunçólatras" entrincheirados recusam-se a descartar seu lixo até que sintam que seu dinheiro foi recuperado. Isso se aplica até mesmo quando o artigo foi comprado a preço de liquidação ou adquirido a troco de nada. Julgam perdurário deixar que uma coisa se vá antes que cada gota de utilidade seja espremida dela, mesmo que isso signifique deixá-la numa prateleira esperando indefinidamente que essa hora chegue.

Se você estiver apegado às coisas por essa razão, descobrirá que a vida não o trata com bondade. Coisas boas não podem entrar em sua vida se você bloqueia o fluxo de energia apegando-se a objetos obsoletos. Relaxe um pouco suas garras e veja o que acontece.

O uso da bagunça para sufocar as emoções

Você se sente incomodado com o excesso de espaço vazio ao seu redor ou com o excesso de tempo livre? A desordem preenche convenientemente esse espaço e o mantém ocupado? Mas o que você está evitando? Em geral, é a solidão, a própria intimidade, uma dor ou alguma outra emoção enterrada que você sente ser mais fácil sepultar na desordem do que ter de lidar com ela. No entanto, reprimir emoções exige uma grande quantidade de energia. Você se surpreenderá ao ver como sua vida decola quando, por fim, enfrenta seus medos e encontra a si mesmo. Livrar-se de sua bagunça é uma das maneiras mais indolores de curar traumas e entrar em contato consigo mesmo, pois você pode fazer isso em seu próprio ritmo.

Desordens obsessivo-compulsivas

Algumas pessoas têm tanta tralha que isso se transforma numa séria desordem obsessivo-compulsiva. Se você atingiu o estágio em que nunca joga fora coisa alguma porque poderá descobrir, mais tarde, que precisa dela, este livro o ajudará a entender seu problema. No entanto, você também precisará procurar a ajuda profissional de um terapeuta experiente (a terapia cognitivo-comportamental tem bom índice de sucesso). Encontrei pessoas que não se desfazem nem mesmo de um recibo de caixa registradora, de um saco plástico, de um jornal e de tudo o mais devido a seu medo paralisante do que poderia acontecer se o fizessem. Então, em vez de a casa ser um lugar estimulante de onde é possível se lançar ao mundo, ela se transforma num pesadelo.

Embora a eliminação da desordem não sirva, em absoluto, de substituto para uma terapia apropriada, pode ser parte vital do processo de recuperação na jornada em direção a uma vida mais feliz e livre de obsessões. Para saber mais a respeito, leia a história do "Sr. More, o homem que não conseguia jogar nada fora", no livro *The Sky Is Falling*, de Raeann Dumont (veja a Bibliografia).

7.

Desfazendo-se das coisas

Todo o processo de eliminar a bagunça consiste em deixar que as coisas sigam seu caminho e esquecê-las. Não se trata só de se desfazer de seus pertences — isso é apenas o resultado final. A coisa mais importante é aprender a se desfazer do medo que o mantém apegado a eles mesmo depois que chega a hora de eles seguirem o próprio caminho.

"Eles vieram pegar o aparelho de som"

Em 1990, decidi morar em Bali, na Indonésia, e foi o que eu fiz. Às vezes, as pessoas me dizem que gostariam de ter tanta liberdade na vida quanto eu. Imaginam que eu tinha muito dinheiro e que podia fazer tudo o que quisesse, mas a verdade é que eu não tinha nada, além do desejo ardente de viver em Bali e disposição para mudar tudo que fosse necessário para realizar esse desejo. Quando as pessoas olham honestamente para suas vidas, e reconhecem o que as impede de fazer algo que dizem querer fazer, veem que grande parte do impedimento relaciona-se ao apego que sentem por seus bens materiais. Elas organizaram suas vidas de tal modo que não são mais livres para fazer o que realmente têm vontade.

Stuart Wilde tem um capítulo em seu livro, *Infinite Self*, chamado "Não se prenda a nada" no qual explica:

> *"Tudo o que você possui está sob os cuidados da Força de Deus. Se voltar para casa e seu aparelho de som não estiver lá, poderá dizer: 'Ah, eles vieram pegar o aparelho de som', em vez de ficar inquieto por causa disso. Ele apenas retornou para a Força de Deus. 'Outra pessoa' o tem agora. Isso deixa espaço para que outro aparelho de som venha para sua vida. Ou não deixa mais espaço para aparelho de som algum, em absoluto. Agora, você terá o silêncio para meditar e pensar 'a respeito de quem você é e do que você quer nesta vida".*

E se você estiver procurando algo em que gastar seu dinheiro, eis o conselho dele:

> *"A função do dinheiro não está em tê-lo; ele tem que ser usado. A principal razão para gerar dinheiro é comprar experiências. Você quer chegar ao fim da vida com sua conta bancária zerada, olhar para trás e dizer: 'Meu Deus, olhe a imensa pilha de experiências que acumulei', pois nenhuma de suas lembranças se perderá".*

De passagem

A vida está em constante mudança. Por isso, quando alguma coisa ingressar em sua vida, desfrute-a, utilize-a bem e, quando chegar a hora, deixe-a ir. É simples assim. Só porque você possui algo não significa que terá de mantê-lo para sempre. Você é apenas um guardião temporário de muitas coisas à medida que elas passam por sua vida. Você não pode, no final das contas, levar consigo, quando morrer, o conteúdo de seu armário, nem que você queira fazer isso!

Tudo o que é material é apenas energia em transição. Você pode pensar que possui uma casa ou que tem dinheiro no banco, mas o fato é que não é dono sequer do corpo com o qual você se põe de pé. Ele é emprestado do planeta e, depois de expirado seu tempo, ele será automaticamente reciclado e reaparecerá sob uma forma diferente, sem você. Você é espírito — espírito glorioso, eterno, indestrutível — e sua circunstância humana é tão transitória como quando você aluga um carro. Em algum momento vai ter de devolvê-lo.

Seu corpo é o templo provisório de sua alma. O que você mantém ao seu redor no templo amplificado de sua casa precisa mudar junto com você à medida que você muda e cresce, de modo que sempre reflita quem você é. Em particular, se você estiver envolvido em qualquer tipo de trabalho de aperfeiçoamento pessoal, precisará atualizar regularmente o ambiente que o cerca. Portanto, adote o hábito de se lembrar sempre dos momentos em que se livrou da bagunça e pensar neles como um sinal de progresso!

Deixe o medo ir embora

As pessoas se apegam às próprias tralhas porque têm medo de livrar-se delas — medo das emoções que podem sentir ao mexer nessas montanhas de coisas inúteis; medo de cometerem um engano ao se livrar de algo; medo de se tornarem vulneráveis, de ficarem expostas ou de correrem algum risco. A eliminação da bagunça pode nos fazer defrontar com o que precisamos lidar; intuitivamente todos sabemos disso.

No entanto, as recompensas pela eliminação da bagunça merecem esse esforço. Amor e medo não podem existir no mesmo espaço; portanto, tudo que o está segurando por lhe causar medo, também o está impedindo de ter mais amor em sua vida. A eliminação do medo permite que mais amor comece a emanar. O medo o impede de ser quem você realmente é e de fazer aquilo que veio aqui para fazer. A eliminação da desordem lhe trará maior clareza a respeito de seu propósito na vida. O medo suprime a energia da força vital; livrar-se da bagunça o ajudará a se religar a sua vitalidade natural. Deixar que a bagunça se vá o deixará livre para ser tudo o que quiser, e esse é o maior presente que você pode oferecer a si mesmo.

Parte Dois
Identifique a bagunça

8.

A bagunça e o baguá do Feng Shui

Se os capítulos anteriores não o motivaram a começar uma arrumação em sua bagunça, este com certeza lhe causará impacto.

Localização da bagunça com o baguá

O baguá do Feng Shui é uma grade que revela como as diferentes áreas de qualquer edifício estão ligadas a aspectos específicos da vida.

Se há uma determinada área de sua casa ou de seu local de trabalho que sempre parece acumular bagunça tão logo você a arruma, procure verificar em que área do baguá ela está localizada, e verifique o que está acontecendo nesse aspecto de sua vida. Muito provavelmente, você descobrirá que essa é uma parte de sua vida que requer constante atenção. Nossa vida e o edifício que ocupamos são inseparáveis! Por isso, é sábio ser mais seletivo quanto ao que você guarda nele, a fim de trazer mais bem-estar e harmonia a esse aspecto da sua vida.

Armazenar lixo sempre tem um efeito ruim. Por exemplo, um quarto de despejo em sua área da Prosperidade pode criar problemas financeiros em sua vida.

Um contador que participou de um de meus cursos decidiu testar isso. Seu negócio estava indo à falência e ele notou que na área da Prosperidade de seu escritório havia uma pilha de objetos e de espelhos quebrados. Ele limpou a área e ficou perplexo ao receber não uma, mas duas chamadas telefônicas de pessoas que se tornaram grandes clientes. Ainda mais extraordinário foi o fato de que se tratava de grandes empresas corporativas que, estando exasperadas com a firma que fazia a contabilidade, decidiram subitamente encontrar outra nas Páginas Amarelas, e aconteceu de a sua firma de contabilidade ser o primeiro nome que viram! Esse homem ficou tão impressionado que voltou em outro curso para nos contar sua história. Tenho ouvido incontáveis casos semelhantes ao longo dos anos.

O uso do baguá

Um estudo em profundidade do baguá do Feng Shui pode levar muitos anos; depois de ler este livro, você pode continuar interessado em ler mais sobre ele. Aqui, no intuito de motivá-lo a eliminar sua bagunça, vou dar apenas uma explicação muito básica com um diagrama também muito básico.

Prosperidade Riqueza Abundância	Fama Reputação Carisma	Relacionamentos Amor Casamento
Família Idosos Comunidade	Saúde ● Integridade Bem-estar	Criatividade Filhos Projetos
Conhecimento Sabedoria Autoaperfeiçoamento	A Jornada Carreira Caminho de vida	Amigos prestativos Compaixão Viagens

O baguá do Feng Shui (diagrama simplificado)

Digamos que você queira aplicar o baguá em sua casa. Primeiro, pegue uma folha de plástico transparente, e uma caneta que escreva sobre esse tipo de superfície. Desenhe um quadrado e divida-o em nove partes iguais. Nomeie cada um deles como mostrado acima.

Em seguida, pegue uma folha de papel comum e desenhe a planta de sua casa — apenas um contorno visto de cima, mostrando todas as paredes e portas. Se você aluga um espaço na casa de alguém, não desenhe a casa toda, mas apenas a suíte ou o cômodo onde você mora.

Então, gire a folha de papel até que a entrada da frente de sua casa, da sua suíte ou do seu quarto fique diante de você, na posição em que está a ponto de dar um passo para dentro. A porta de entrada é o fator determinante para a maneira de posicionar o baguá, pois é por onde a energia e as pessoas entram em sua casa.

Eis alguns exemplos:

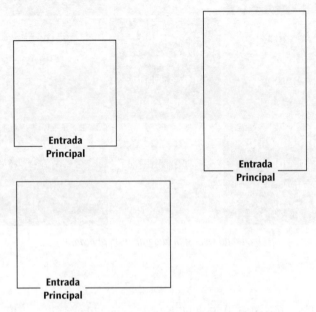

Desenho de planta retangular ou quadrada.

(Nota especial: se você, sua família, seus visitantes e o carteiro que entrega a correspondência usam a porta dos fundos como se fosse a da frente, então é a porta dos fundos que você utilizará para alinhar o baguá!)

O próximo passo consiste em localizar o centro de sua casa de modo que você possa desenhar o baguá sobre a planta, e a partir dele localizar onde cada área de sua vida está situada no edifício. Se a planta for quadrada ou retangular, a localização é fácil. Você simplesmente desenhará linhas diagonais a partir de cada um dos cantos para determinar o ponto central e fará coincidir esse ponto central com o centro do baguá. O baguá é elástico e se estende de modo a preencher a forma retangular.

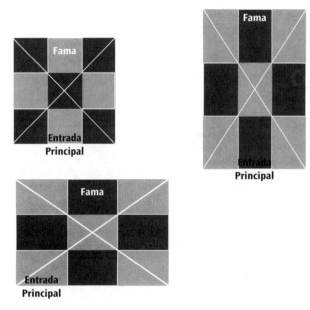

Como identificar o centro da habitação e desenhar o baguá.

Áreas que faltam

Se o edifício tem forma irregular, você terá de enquadrá-lo antes de desenhar as linhas diagonais para estabelecer o ponto central, que será também o centro do baguá.

Como posicionar o baguá em construções com planta irregular.

Baguás dentro de baguás

É aqui que as coisas ficam ainda mais interessantes. O baguá não apenas se aplica à planta de sua moradia como há também um baguá maior para o terreno onde ela está construída (gire o baguá de modo a alinhar o lado inferior da grade à entrada principal do terreno) e um baguá para cada compartimento dentro da construção (alinhe o lado inferior da grade paralelamente ao vão da porta de entrada de cada cômodo).

Desista de qualquer ideia que você possa ter a respeito de deslocar sua bagunça para um barracão no fundo do jardim. Se esse barracão estiver situado junto ao canto superior esquerdo, ele sabotará suas finanças; se estiver no canto superior direito, provocará tensão em seus relacionamentos; se estiver na área central do fundo do jardim, prejudicará sua reputação, e assim por diante. Não há lugar algum onde você possa colocar sua bagunça sem que ela o afete!

A bagunça e o baguá

Tente agora fazer este exercício simples: pense a respeito de um guarda-louça em sua casa que esteja abarrotado de coisas — um guarda-louça que esteja assim há tanto tempo que você já não saiba mais o que realmente há dentro dele. Esse guarda-louça corresponde a uma parte de você. Há uma parte sua com a qual você perdeu contato a tal ponto que não sabe mais o que está acontecendo lá dentro. Para descobrir, verifique onde o guarda-louça está colocado no baguá que fez para sua casa, e também no baguá do cômodo onde está esse guarda-louça. Se for um local que você usa muito, o baguá desse cômodo será o mais importante para você examinar; caso contrário, recorra apenas ao baguá da casa inteira.

As nove seções do baguá

Nas descrições a seguir, você notará que cada seção do baguá tem três nomes diferentes. O propósito disso é mostrar mais de um sentimento para os diferentes níveis e frequências de energia contidos em cada uma das áreas. Leve em consideração apenas os nomes que mais ecoam em você.

Prosperidade, Riqueza, Abundância

A bagunça nessa área obstrui o fluxo do dinheiro e faz com que toda sua situação financeira fique estagnada, dificultando a criação de abundância em sua vida.

Fama, Reputação, Carisma

Quando essa área está em desordem, sua reputação pode ficar embotada e sua popularidade pode despencar. A dose de entusiasmo, paixão e inspiração na sua vida também será pequena.

Relacionamentos, Amor, Casamento

Uma área de Relacionamentos bagunçada pode causar dificuldades para se encontrar um parceiro no amor ou provocar problemas nos relacionamentos existentes. O que você conseguirá não é o que você precisa ou quer.

Família, Idosos, Comunidade

Desordem nessa área pode causar problemas com pais, superiores e autoridades, tanto no âmbito da família quanto no da comunidade.

Saúde, Integridade, Bem-estar

Aqui a bagunça tem consequências prejudiciais para a saúde, provavelmente faltará um foco central significativo em sua vida.

Criatividade, Filhos, Projetos

Se essa área estiver em desordem, é provável que você sinta sua criatividade bloqueada, que precise lutar muito para conseguir realizar seus projetos e tenha dificuldade de relacionamentos com crianças ou com pessoas que trabalhem para você.

Conhecimento, Sabedoria, Autoaperfeiçoamento

A bagunça presente nessa área limita sua capacidade de aprender, de tomar decisões sábias e de se aperfeiçoar.

A Jornada, Carreira, Caminho de vida

Quando você tem bagunça nessa área, sua vida assemelha-se ao esforço para subir uma montanha. Você sente que está numa rotina e não faz o que quer fazer — e provavelmente nem sequer sabe o que gostaria de fazer.

Amigos Prestativos, Compaixão, Viagens

Bagunça nessa área bloqueia o fluxo de apoio que recebe em sua vida, de modo que você se sente "fazendo as coisas sozinho" durante grande parte do tempo. Também inibe planos para viajar ou para mudar de casa.

O teste do baguá

Sou uma grande cética e encorajo você, sinceramente, a testar a validade dessas informações antes de aceitá-las. Uma das maneiras de fazer isso é considerar uma das áreas do baguá que vai bem em sua vida, amontoar uma pilha de lixo nela, deixá-la largada à própria sorte durante alguns meses e ver o que acontece. Fiz isso uma vez e foi um desastre!

Outra maneira mais produtiva, que eu com certeza recomendaria mais que o primeiro método, é tomar uma área de sua vida que não está indo bem e fazer uma limpeza nas áreas relevantes do baguá. Por exemplo, suponha que você costume se sentir sem apoio. Você terá de eliminar quaisquer desordens da área dos Amigos Prestativos em seu jardim, se tiver um; da área dos Amigos Prestativos do baguá de sua casa; e das áreas dos Amigos Prestativos dos principais cômodos da casa onde você passa mais tempo. Se algum desses lugares estiver inacessível por alguma razão (suponha que haja um inquilino morando nessa parte de sua casa), você vai precisar fazer um bom trabalho extra nas áreas em que tem acesso.

Naturalmente, a melhor maneira é esforçar-se para eliminar toda a bagunça. Isso fará com que todos os aspectos de sua vida melhorem.

O próximo capítulo refere-se à identificação dos tipos específicos de bagunça e começa examinando as áreas nas quais é mais provável que seu lixo e sua bagunça se acumulem.

9.

Áreas de bagunça em sua casa

Pense em sua casa como uma representação visual tridimensional de sua própria vida. Se você divide o espaço com outras pessoas, pode querer argumentar, dizendo que ele é mais representativo da vida delas do que da sua, especialmente se os outros o excedem em número, mas você não pode se safar disso com tanta facilidade. Tudo a seu redor é um reflexo de você mesmo, e isso inclui não apenas sua casa, mas quaisquer outras pessoas que também morem nela e o que elas criam ali.

Este capítulo examina algumas das áreas básicas onde a bagunça se acumula e como isso pode afetar você.

Porões, sótãos e quartos de despejo

Porão e outros tipos de depósito sob a casa

Seu porão ou adega simbolizam seu passado e sua mente subconsciente. Um porão cheio de bagunça corresponde a assuntos não resolvidos vindos do passado, com frequência assuntos muito pesados (as pessoas tendem a colocar as tralhas mais pesadas nos porões). O tempo durante o qual a bagunça está escondida no porão dirá por quanto tempo você está adiando lidar com aquilo que, simbolicamente, está enterrado lá — e lembre-se de somar o tempo em que todas aquelas coisas já não estavam sendo usadas antes de serem relegadas ao porão.

Se você guardar coisas no porão durante muito tempo, corre o risco de que atraiam bolor, camundongos, umidade, fungos ou algum outro tipo de salvador natural que intervém para ajudá-lo a tomar a decisão de jogar tudo no lixo. E de que modo a bagunça no porão afeta sua vida? Sentir-se desanimado, deprimido, letárgico, sem objetivos ou oprimido em seu progresso são apenas alguns dos lamentáveis efeitos colaterais que a bagunça embaixo da casa pode produzir.

É claro que você pode usar o porão da sua casa para guardar alguma coisa, mas precisa rever regularmente o que está lá, conservar apenas as coisas que de fato usa de tempos em tempos e não manter muita coisa lá embaixo, a ponto de o ar e a energia não poderem circular.

Sótão

Coisas armazenadas no sótão podem limitar as grandes aspirações e possibilidades. Você sufoca a si mesmo criando uma falsa limitação. Você tenderá a se preocupar mais com o futuro do que outras pessoas, como se houvesse problemas suspensos sobre você, prontos para despencar a qualquer momento! Depois de fazer uma boa limpeza no sótão, muitas pessoas escrevem para me dizer que diferença isso faz.

"Precisei de uma semana para limpar o sótão, mas achei fantástico e estou vibrando de energia."

"Tinha mais de quarenta anos de lembranças armazenadas em meu sótão – velhas cartas de amor, fotos, joias de pouco valor e souvenirs. Estavam apenas juntando pó e divertindo os camundongos. Limpei tudo e converti meu sótão num estúdio, que agora se tornou meu lugar preferido na casa. Minha criatividade recém-encontrada me trouxe grande alegria."

"Marquei uma consulta com você porque a minha empresa estava estagnada já há vários anos, e eu esperava que você pudesse operar suas maravilhas com o Feng Shui para que as coisas melhorassem e ela crescesse. Não imaginei que você recomendaria uma boa limpeza no sótão, e devo admitir que não o teria feito se não fosse o seu incentivo. Foi minha mulher que conversou comigo a respeito, e eu só quero lhe contar que aconteceu exatamente o que você disse – foi como se eu tirasse os freios do meu negócio. Ele deu uma completa arrancada de maneiras novas e empolgantes, como um sonho que se torna realidade."

Quartos de despejo

Espero que o capítulo sobre o baguá tenha sido suficiente para persuadi-lo a jamais ter um quarto desses outra vez. A energia sombria que emana dos quartos de despejo é extremamente indesejável, e pode de fato bagunçar qualquer aspecto de sua vida ao qual estejam conectados. Se as circunstâncias de sua vida são tais que você precisa, de qualquer maneira, ter um quarto de despejo por um pouco mais de tempo, então pelo menos faça uma arrumação e organize o que está guardado lá.

Gavetas de bagunça

O que estou a ponto de lhe dizer poderá surpreendê-lo. Meu conselho é o seguinte: tenha uma. Destine uma gaveta apenas para atirar coisas dentro dela. Se você mora numa casa grande, poderá até mesmo precisar de uma gaveta de bagunça em cada cômodo.

Todo esse assunto de eliminação de bagunça não é a respeito de ser obsessivamente perfeito; é a respeito de organizar seus pertences de maneira tal que a energia de sua casa seja vibrante e fluida, e não sombria e estagnada. Neste nosso mundo atarefado, precisamos às vezes do abençoado alívio de apenas abrir uma gaveta e atirar lá dentro todas essas coisas bizarras que estão desarrumando o local. Portanto, *tenha* uma gaveta de bagunça, mas siga estas três regras:

1) Escolha uma gaveta pequena.
2) Use-a com moderação.
3) Faça uma boa limpeza nela regularmente.

Entradas, vãos de portas e corredores

A entrada principal

No Feng Shui, a entrada principal de sua casa representa a maneira como você encara o mundo quando olha para fora, e a maneira como encara sua vida quando olha para dentro. Assim como as pessoas entram e saem de casa atravessando o vão da porta, assim também o faz a energia. Se essa área estiver bagunçada, ela poderá limitar o fluxo de oportunidades que chegam até você e obstruir seu progresso no mundo. Essa é uma área muito importante, que deve ser mantida limpa. Bagunça perto da entrada principal cria uma luta desnecessária em sua vida.

Na próxima vez em que usar a porta da frente de sua casa, dê uma olhada atenta e objetiva naquilo que vê. Há plantas crescendo desordenadamente em frente a ela? Há lixo perto da porta do lado de fora ou em algum lugar que possa ser visto quando você se aproxima de sua casa ou sai dela? Você tem de abrir caminho entre vários casacos pendurados em cabides perto da porta, sapatos espalhados, botas, capas de chuva, chapéus, luvas, cachecóis e outras parafernálias desse tipo? Organize essa área de modo que ela fique tão livre de bagunça quanto possível; e certifique-se de que não haja atrás da porta coisas amontoadas que a impeçam de abrir completamente.

A porta dos fundos

Como você descobrirá mais adiante neste livro, quando eu falar a respeito das maravilhas da limpeza do cólon, todas as coisas ingerem e excretam. Se sua porta da frente é a boca através da qual as coisas ingressam, então, deduz-se que a sua porta dos fundos é o... (você pode concluir por si mesmo). Por isso, se não quiser que a sua casa fique com obstrução intestinal, não deixe a sujeira acumular-se aí.

Atrás das portas

Uma maneira muito simples de testar se o Feng Shui funciona ou não consiste em percorrer sua casa e eliminar a desordem que existe atrás de todas as portas. Isso inclui coisas penduradas em ganchos e em maçanetas (roupões, toalhas, sacolas — diga você mesmo), bem como coisas que as impedem de abrir totalmente (móveis, cestos de roupas etc.) Note, então, como sua vida ficará muito mais desembaraçada. É uma coisa muito simples e muito eficaz. Quando as portas de sua casa não se abrem completamente, a energia não pode fluir pela casa e, por isso, tudo o que você faz exige mais esforço. Quando você remove a desordem, a energia flui com mais suavidade, e sua vida também.

Corredores

A presença de bagunça em corredores, vestíbulos e escadas obstrui o fluxo de energia que o faz progredir, de modo que a sua vida avança com dificuldade em vez de fluir livremente. O pior tipo de bagunça é o que o obriga a se contorcer à medida que caminha, pois você precisa fazer manobras para evitá-la. Mantenha todas essas áreas tão desobstruídas quanto possível.

Áreas de estar

Sala de repouso/sala de estar/sala da família

Todas essas áreas variam muito de casa para casa. Algumas são mantidas meticulosamente limpas, arrumadas e livres de bagunça, de modo que estão sempre apresentáveis quando chegam visitas. Outras dão a impressão permanente de que um furacão acabou de passar por ali. A coisa importante é que o seu lar tenha um "coração", onde as pessoas se sintam naturalmente atraídas para ali passar o tempo e conversar despreocupadas. Mesmo que você more sozinho, ainda assim você precisa de um lugar onde faça isso consigo mesmo. Uma casa sem um coração não é uma casa.

Às vezes, a mesa da cozinha ou da sala de jantar torna-se o ponto de reunião dessa energia, ou então pode ser o sofá da sala de estar. O importante é que a energia não circule com muita rapidez nesse espaço. É preciso que ela possa ser coletada e misturada antes de prosseguir seu caminho. Por isso, essa é uma situação em que alguns enfeites podem ser dispostos de modo a fixar a energia nesse ambiente e criar uma atmosfera aconchegante. Faça com que tudo fique tão convidativo quanto possível, e é particularmente importante ter uma peça decorativa no centro da mesa que simbolize algo relevante e inspirador para as pessoas que moram na casa. Mas se você tem muita bagunça, o coração de sua casa ficará estagnado. Por isso essas áreas são tão importantes para se obter o equilíbrio.

A cozinha

O que você guarda nos armários da cozinha? Um homem que participou de um de meus cursos contou-nos que, depois de ler meu livro, decidiu liquidar todo o estoque de produtos comestíveis que possuía e não voltar a fazer compras até que tivesse consumido todos os alimentos. Disse que conseguiu viver assim durante quase oito semanas! No final, viu-se diante de dez latas de alimento de que não gostava, livrou-se delas e saiu para fazer compras!

Faça uma grande limpeza em todos os armários, e não se esqueça do refrigerador e do freezer.

Quartos

Coisas que não pertencem aos dormitórios

Seu quarto é um depósito de todas as coisas para as quais você não encontra lugar onde guardar? Se for assim, você está tratando a si mesmo como um cidadão de segunda classe. Não é nada bom manter computadores, bicicletas ergométricas, equipamentos quebrados e outros objetos inconvenientes amontoados em sua área de dormir. Bagunça no dormitório é algo que deve ser efetivamente evitado tanto por crianças quanto por adultos.

Os românticos solteiros à procura de iniciar ou de consolidar um relacionamento serão bem-sucedidos por manter o dormitório arrumado e livre da bagunça. Energia estagnada fica suspensa ao redor de roupas sujas, e por isso nunca deixe no quarto cestas de roupas usadas; certifique-se de trocar as roupas da cama pelo menos uma vez por semana para manter sua energia vitalizada e revigorada. Essas sugestões melhorarão a qualidade do seu sono e de sua vida amorosa.

Debaixo da cama

Qualquer coisa presente em seu campo energético afeta a qualidade de seu sono, por isso resista à tentação de esconder tralha debaixo da cama. Se você tem uma dessas camas com gavetas, o melhor é manter lá só roupas de cama, toalhas ou roupas limpas.

Penteadeiras

Um fato curioso e pouco conhecido é que, quando as pessoas têm um grande número de frascos e de recipientes sobre a penteadeira, eles estão, em sua maior parte, praticamente vazios! Verifique a sua e constate!

Mantenha as superfícies do seu quarto de dormir tão desimpedidas quanto possível para que a energia possa se movimentar com suavidade e harmonia pelo espaço.

Em cima do guarda-roupa

Bagunças que abarrotam o alto do guarda-roupa e do guarda-louça assemelham-se a problemas suspensos sobre você à espera de que os enfrente. Isso prejudica sua capacidade de pensar de maneira clara e lúcida. Se a primeira coisa que vê quando acorda de manhã é a bagunça em cima do guarda-roupa, a tendência será você acordar com preguiça. A bagunça escondida numa posição mais alta que a do nível dos olhos tem em geral um efeito opressivo, e você poderá sofrer de dores de cabeça.

Dentro do guarda-roupa

Em sua maioria, as pessoas usam cerca de 20% de suas roupas durante 80% do tempo. Se você duvida de mim, faça o teste durante um mês: cada vez que lavar e passar uma peça, pendure-a numa das extremidades do guarda-roupa. No final do mês, descobrirá (a não ser que tenha mudado deliberadamente seus hábitos para contestar este exercício ou que tenha um emprego que exige frequente mudança de roupa) que você está usando as mesmas roupas durante a maior parte do tempo.

Na verdade, não são apenas as roupas que seguem esse padrão na proporção de 80/20. Ele pode ser aplicado a tudo o mais que você tenha e à maioria das atividades de sua vida. Todos nós conseguimos 80% de nossos resultados com 20% de nossos esforços (isso é conhecido no mundo dos negócios como o princípio de Pareto, assim chamado em homenagem ao economista italiano que o concebeu). De modo semelhante, 80% do que usamos corresponde a 20% de tudo que temos.

Ao arrumar o guarda-roupa, primeiro separe os 20% que você gosta de usar e os 80% que estão apenas ocupando espaço; assim, ficará muito mais fácil descartar o excedente.

Quando estiver analisando a pilha dos 80%, mantenha claros seus critérios para conservar ou se livrar de alguma peça. Em primeiro lugar, verifique as cores. Um grande investimento consiste em fazer uma consulta profissional para descobrir quais cores intensificam sua energia, e quais fazem o oposto. Você vai sair da consulta com uma cartela de cores que, com certeza, o fará parecer e sentir-se incrível, e isso fará maravilhas por sua autoestima. Isso também o ajudará a descartar pelo menos 50% de suas roupas para sempre, porque de repente se tornará totalmente óbvio para você que elas nunca o favoreceram em nada.

Em seguida, experimente cada item da pilha restante e veja como se sente. Se não gosta da forma, da textura, do corte, do material ou de qualquer outra característica de uma roupa, descarte-a. Você deve isso a si mesmo, pois merece uma coleção de roupas de que goste sem nenhuma restrição para que nunca mais volte a abrir um guarda-roupa entupido e se lamente: "Não tenho nada para vestir!"

Tome a decisão de nunca voltar a comprar algo que não seja exatamente o que você esteja querendo, porque agora sabe que, se não for assim, a peça acabará na pilha dos 80% e você terá desperdiçado seu dinheiro. Decida-se a comprar apenas roupas de que goste e que fiquem ótimas em você. Se isso significar a compra de três peças deslumbrantes que custam mais que vinte artigos mais baratos e de qualidade inferior, vá em frente. Ah, eu recomendo que faça isso, mesmo que esteja com pouco dinheiro! De fato, decidir sempre ter boa aparência e se sentir bem é uma das melhores maneiras de levantar sua energia e, desse modo, atrair para si mais prosperidade.

Algumas pessoas conservam coisas que não usam há mais de vinte anos. Dizem que, se as conservarem por tempo suficiente, elas voltarão à moda. Meu conselho é este: se você não usou essa roupa no ano passado, e principalmente se não a usou nos últimos dois ou três anos, livre-se dela: doe, troque ou venda-a. Em um ano, você terá passado por um ciclo de todas as estações, e se não sentiu vontade de usá-la em todo esse tempo, então essa peça de vestuário já teve sua hora. Se dois ou três ciclos de estações se passaram sem que você a usasse, definitivamente, é hora de descartá-la.

Pode ser útil entender por que essas roupas não serão mais apropriadas. Da mesma maneira pela qual decoramos as paredes de nossa casa para que reflitam nossa vibração energética, escolhemos as cores, texturas e estampas dos tecidos das roupas que usamos. Por exemplo, as pessoas passam por fases coloridas. Anos atrás, todo o meu guarda-roupa era púrpura, com algumas peças verdes, azuis e turquesa, mas púrpura era a cor mais presente. Quando alguém me procurava em

Bali, descobria minha casa graças à presença massiva de roupas púrpuras penduradas no meu varal! Nessa época, eu estava acumulando grandes porções de púrpura na minha energia, o que tinha a ver com a reivindicação do meu próprio poder e desenvolvimento da prosperidade. Agora eu integrei essa cor, e por isso raramente volto a usá-la.

A maioria das pessoas tem no guarda-roupa algumas roupas que compram, usam uma única vez e nunca mais voltam a usar. O que acontece é que, num certo dia, você está fazendo compras e seu olho repara em alguma coisa, digamos, algo alaranjado cheio de pontinhos púrpura formando padrões. Você prova e a roupa parece fantástica; então, você a compra. Pois bem, acontece que naquele dia você estava emocionalmente um pouco fora de equilíbrio, e as cores em sua aura tinham mudado para o alaranjado com pequenas manchas púrpuras, ou algo muito semelhante a isso, de modo que a nova roupa parecia excelente. Porém, no dia seguinte, essa situação emocional mudou, sua aura retornou às cores usuais e a roupa não lhe parece mais assim tão maravilhosa (nunca havia parecido a nenhuma outra pessoa!). Você espera que esse ciclo retorne, mas, em geral (e felizmente!), foi um fato pontual, com poucas reprises ou nenhuma. O truque é o seguinte: nunca saia para fazer compras quando se sentir fora do seu estado normal. Fazer compras para se livrar de problemas é a maneira certa de acabar com um guarda-roupa repleto de peças que você nunca usará.

Algumas pessoas ficam apegadas a roupas que já não lhes servem porque estão planejando perder peso e acreditam que poderão voltar a usá-las. Isso pouquíssimas vezes acontece. Jogue fora todas essas roupas e saia para comprar alguma coisa que faça você parecer e se sentir realmente bem, assim como está agora. E adivinhe o que costuma acontecer. Você perde peso. Chame isso de destino, se quiser, mas o fato é que funciona, e a razão disso é que você deixou de resistir à possibilidade de engordar. Você decidiu se aceitar exatamente como você é em vez de esperar até perder peso. Aquilo contra o que você resiste, persiste, e quando você para de resistir, isso também para de persistir!

Banheiros

Alguns banheiros são atulhados de utensílios e de produtos de beleza e de higiene pessoal. Em prateleiras, no peitoril da janela, no chão, em ganchos nas paredes, junto à pia para lavar o rosto e as mãos, e em qualquer outro lugar onde haja espaço. Isso torna muito mais difícil limpar toda a sujeira inevitável que eles geram, e cria uma atmosfera confusa e caótica numa área que precisa ser calma e tranquila. Pessoas com banheiros livres de bagunça descobriram que algumas de suas reflexões (e também suas melhores canções!) vieram à luz na banheira ou sob o chuveiro. Para conseguir melhores resultados, instale armários e mantenha-os organizados e limpos, por dentro e por fora.

Garagens/abrigos para carros

A alegria dos viciados em bagunça! Lugar excelente para armazenar peças de automóveis que você não tem mais, partes de móveis velhos, caixas de coisas desprezadas e tudo que você não consegue mais entulhar dentro de casa. As pessoas que, com dedicação, gostam de juntar coisas, deixariam alegremente seus carros na rua, à mercê das intempéries, a fim de que sua bagunça inútil permanecesse segura e seca. Cheguei mesmo a conhecer uma família que se mudou de uma casa com uma garagem para uma casa com duas garagens, só porque precisava de um espaço de armazenamento extra para a bagunça!

Garagens podem ser usadas para guardar coisas, mas somente aquilo que você usa e de que gosta. Ter uma garagem limpa e bem organizada pode ser muito gratificante.

Carros

O estado dos carros da maioria das pessoas mostra o verdadeiro grau de desordem dessas pessoas. Se você eliminou a bagunça de sua casa, mas dirige por aí afundado até os joelhos em lixo, ainda há trabalho a ser feito!

Seu automóvel é como um pequeno mundo em si mesmo. Você se encolhe, envergonhado, e pede desculpas pelo estado dele todas as vezes em que dá carona para alguém? Quantas vezes por semana você pensa consigo mesmo: "Este carro de fato precisa passar por uma boa limpeza"? Todas as vezes em que pensa a respeito disso, sua energia diminui, até que finalmente estará custando a você mais energia não fazer essa limpeza do que arregaçar as mangas e prosseguir com o trabalho. Você sabe como é boa a sensação que o carro dá depois de lavado e limpo com esmero. Agrade a si mesmo!

Bagunça portátil

Estou falando aqui de bolsas, pastas, carteiras, bolsos das calças e assim por diante. Agora, apenas para o caso de você se perguntar se eu de fato faço o que digo ou se só escrevo livros para dizer às outras pessoas o que fazer, saiba que, quando estava escrevendo este livro, fui visitar um casal de amigos, e a filha deles, de 2 anos de idade, decidiu que era preciso inspecionar a bolsa da visita. Tirou tudo de lá, peça por peça, enquanto a mãe e o pai olhavam complacentes. Pelo que soube, a garotinha fazia isso regularmente, deixando em seu rastro uma trilha de mulheres constrangidas.

Posso lhes assegurar que foi uma sensação maravilhosa observar com prazer, e não com preocupação, a atividade da menina. Os pais dela estavam preparados para se desculpar, mas, em vez disso, concederam-me o prêmio de ser a dona da bolsa mais bem arrumada que tinham visto.

É claro que nem sempre ela está assim tão em ordem, mas não consigo entender por que carregar comigo uma mala de quinquilharias para onde quer que eu vá. Arrumações regulares são tão fundamentais para mim quanto lavar e passar minhas roupas.

Uma nota internacional

Notei que as áreas de bagunça variam de país para país. Na Austrália, por exemplo, as pessoas tendem a ter garagens ou áreas para armazenamento debaixo da casa, de modo que é aí que elas tendem a deixar a bagunça. Na Inglaterra, sótãos e porões são o lugar favorito para isso. Na Irlanda, as pessoas gostam de encher barracões e edículas. Os norte-americanos guardam sua bagunça EM TODO CANTO!

10.

Coleções

As pessoas, em sua maioria, colecionam coisas. Os mais modestos colecionam dedais, colheres de chá, caixas de fósforos, cartões telefônicos, suportes para copos de cerveja ou selos. Os mais excêntricos colecionam lembranças de astros da música pop já falecidos, canos de escapamento de carros antigos, peças de máquinas de costura, bigodes de gatos e coisas parecidas (sim, encontrei realmente pessoas que colecionavam essas coisas).

Outro item muito apreciado são os bibelôs em forma de animais, que têm popularidade global. Os mais procurados são gatos, cachorros, sapos e patos, com variações locais tais como cangurus e coalas, até elefantes, tigres e dragões para aqueles com mais simpatia pelos símbolos orientais, e assim por diante.

Ter alguns gatinhos graciosos sobre a lareira é uma coisa, mas essas coleções podem escapar do controle. Logo haverá gatos em todos os quartos, retratos de gatos em cada parede, gatos nas toalhas de mesa, na xícara de chá e nas camisetas. Certa vez, eu estava falando a respeito desse assunto num de meus seminários na Irlanda do Sul. Depois de algum tempo, uma mulher sentada na fileira da frente não conseguiu se conter e explodiu em confissão pública, afirmando que possuía mais de dois mil sapos ornamentais em sua casa. "Até mesmo a porta da frente tem um imenso sapo entalhado!", exclamou com tamanha consternação que levou o auditório ao riso histérico.

E por que as pessoas colecionam coisas? Se fizerem uma retrospectiva, algumas descobrirão que a atração que têm por aquilo que decidiram colecionar começou na infância. Para outras, foi um presente ao qual, em seguida, se somaram outros de amigos e parentes bem-intencionados. Qualquer que seja o caso, quando sentimos impulso para a colecionar um determinado tipo de coisa, ou mesmo quando "acidentalmente" nos vemos com uma coleção dessas, o que de fato estamos fazendo é responder a uma necessidade intuitiva de reunir um determinado tipo de essência de que precisamos para o nosso crescimento pessoal. É uma frequência específica que precisamos levar para nosso interior em determinada época de nossa vida; e isso é totalmente legítimo. Mas a vida está em constante mudança e movimento, e nós só precisamos coletar essa essência durante o tempo necessário para que consigamos integrá-la em nossa vida. Então, podemos e devemos mudar o foco para algo novo.

No que se refere às essências animais, os nativos norte-americanos sabiam muito a respeito. Cada pessoa tem uma essência animal, que para eles era tanto uma proteção como uma fonte de poder e de sabedoria. Membros das diversas tribos com frequência adotavam nomes como "Águia Branca", "Urso Dançarino" e assim por diante. Eles viviam em estreita afinidade com essa essência ao longo de toda a vida.

Mas os tempos mudaram. Antigamente, na Grã-Bretanha, um homem podia ser chamado de "Jack the Smith" (Jack, o Ferreiro) ou "John the Fisher" (João, o Pescador), de acordo com a sua ocupação (nomes que acabaram abreviados para Jack Smith e John Fisher). Diante do ritmo veloz da vida moderna, se fôssemos utilizar esse mesmo expediente para nomear alguém, poderíamos encontrar um homem chamado "Ricardo o Programador de Computador que virou Motorista de Táxi que virou Agricultor Orgânico que virou Escritor". Em sua maioria, as pessoas terão várias profissões na vida e, provavelmente, terão também mais de um casamento e vários relacionamentos menos importantes. É como se agora vivêssemos muitas vidas no lapso de tempo de uma só.

A razão para isso está nos invisíveis mundos da energia. Estamos vivendo num tempo em que estão disponíveis os mais elevados níveis de desenvolvimento humano. A última coisa que queremos fazer é ficar empacados colecionando sapos, quando há um mundo todo de novas e excitantes possibilidades lá fora, esperando apenas que lancemos mão delas!

O homem que fazia porcos

Um homem que eu conheci dedicou-se a fazer porcos. Tudo começou quando sua mãe comprou um porco de gesso numa loja de artigos de segunda mão e ele gostou tanto do bicho que fez um molde e o copiou. Logo, progrediu de porcos de gesso para porcos de porcelana pintada. Então, alguém sugeriu que ele pusesse asas nos porcos para que ficassem mais interessantes, e assim nasceu o porco voador. O homem abriu uma barraca no mercado *kitsch* do elegante bairro de

Covent Garden, em Londres, e vendeu porcos alados aos milhares. Ele os fazia em diferentes tamanhos, e as pessoas os compravam em conjuntos para pendurar na parede. No Natal, fez conjuntos especiais de porquinhos adormecidos. Olhando para trás, ele diz que sempre sentiu, desde o início, que havia um propósito, alguma razão pela qual se sentia impelido a fazer porcos, mas precisou de dezesseis anos para descobrir o que era e por que sua paixão acabou se esgotando. Ele descobriu que o pai de sua mãe e ambos os avós de sua mãe eram... açougueiros que vendiam carne de porco! Ele estima que seu total final, mais de 32 mil porcos, igualava o número de porcos que seus ancestrais mataram durante suas vidas. Com a dívida kármica reequilibrada, ele fechou a barraca e dedicou-se a uma nova atividade, como massagista de shiatsu!

A mulher dos patos

Na casa de uma mulher para quem fiz uma consulta de Feng Shui, contei mais de cem patos enquanto ela me mostrava a casa. "E quanto aos patos?", perguntei, apenas para receber um olhar fixo e inexpressivo. "Que patos?", ela perguntou. Demos uma outra volta e quando lhe apontei todos eles, ela ficou perplexa. Eles estavam no papel de parede, bordados nas almofadas, ornamentando o banheiro, na parte da frente da sua camisola, junto aos utensílios de mesa. Era um império dos patos, e no entanto ela estava completamente inconsciente de que havia tantos. O mais revelador era que os patos eram solitários, e a grande questão de sua vida era o fato de ela nunca ter se casado. Para resumir uma longa história, ela seguiu meu conselho, jogou fora os patos e encontrou o seu homem!

Não seja um "Hector the Collector"*

A arte de entender as coleções consiste em descobrir por que você precisou fazer uma, o que aprendeu com ela e, então, seguir em frente. Não se limite. Abra espaço para algo novo ingressar em sua vida. Não seja um "Hector the Collector" durante toda a vida sem nem sequer entender por quê.

Se são bibelôs em forma de animais que você está colecionando, uma boa maneira de descobrir por que você é tão atraído por tal animal é investigá-lo. Quais são suas características, como e onde vive, o que o diferencia de outros de sua espécie? Isso levará você a descobrir a respeito das qualidades que você inconscientemente está querendo atrair para si.

Poderá levar algum tempo para você internalizar essas características a ponto de, de fato, sentir-se preparado para se desfazer de sua coleção e seguir em frente, e, ainda, assim jogar fora todos os seus patos de uma vez pode parecer algo excessivo. É muito importante que você deixe o processo acontecer naturalmente em vez de forçá-lo; assim, de maneira gradual, desfaça-se de seu rebanho (ou de sua manada) quando se sentir pronto.

---

* Poema do artista multimídia norte-americano Shel Silverstein, cujos primeiros versos são: Hector, o Colecionador. /Colecionava pedaços de barbante/Colecionava bonecas sem cabeça/E sinos enferrujados que não tocavam mais. (N.T.)

11.

A desordem dos papéis

O que os papéis têm que os tornam tão irresistíveis? Esperava-se que a era digital reduzisse a quantidade de papel em uso, mas estamos usando mais papel do que nunca. Isso, é claro, acontece porque ao lado de cada computador há... Você adivinhou... uma impressora!

Eis como lidar com alguns dos tipos mais desafiadores de desordem de papéis:

Livros

Apegar-se a livros antigos é um problema muito comum, especialmente entre pessoas de mente inquiridora. Para muitos, os livros são companheiros fiéis. Estão sempre lá para lhes fazer companhia quando precisam deles, para lhes proporcionar conhecimento, inspiração, entretenimento e estímulo de inúmeras maneiras diferentes.

Mas o problema de se apegar a velhos livros é que você não abre espaço para novas ideias e novas maneiras de pensar chegarem até você. Seus livros representam simbolicamente suas ideias e suas crenças e, quando você os tem em demasia, empoeirando nas estantes de sua casa, você enrijece seu modo de ser e desenvolve energia embolorada como os velhos livros embolorados dos quais você se cerca.

Com frequência, quando sou chamada para fazer uma consulta para uma pessoa instruída que está tendo dificuldade para encontrar um parceiro amoroso, descubro que no canto dos Relacionamentos da casa, ou no canto dos Relacionamentos de um cômodo muito usado da casa, há uma grande estante repleta de livros antigos. Sem nada conhecer a respeito do Feng Shui, as pessoas fazem isso porque lhes "parece certo" deixá-los ali — porque na realidade seu relacionamento principal é com os livros! Também são esses os tipos de pessoas que têm uma pilha de livros junto à cama para ler à noite — mais uma vez, um substituto para o relacionamento. Mudando a estante ou, pelo menos, abrindo espaço nas prateleiras, também se cria espaço para que novos interesses e novos relacionamentos entrem em sua vida.

Talvez você tenha tantos livros que suas estantes já não deem conta, e eles fizeram morada em outros locais. Eles estão empilhados em cima da escrivaninha, na mesa de centro da sala, junto à sua poltrona favorita ou no banheiro? (veja o Capítulo 20 para saber as implicações mais profundas disso).

Aprenda a se desapegar de seus livros quando chegar a hora. Comece com livros de cozinha que você nunca usou (não, não os abra à procura de receitas!). Passe agora para os manuais e livros de referência que você nunca tocou durante anos, livros infantis que você ou seus filhos já deixaram para trás, romances pelos quais você não se interessou o bastante para começar ou para terminar, livros com teorias com as quais você não concorda. Prossiga com os volumes que estão em lugares tão inacessíveis que você não toca neles há décadas ou são tão antigos que se desintegraram com o tempo. Em seguida, separe os livros que o inspiraram profundamente anos atrás. Veja se as ideias que eles apresentam já não foram assimiladas por você em sua totalidade; então, já não há mais necessidade de lê-los.

Proponha-se a limitar sua coleção de livros àqueles que o representam como você é agora e como você almeja ser amanhã. Se você é uma pessoa com sérios objetivos intelectuais, isso pode equivaler a uma biblioteca substancial sobre a qual uma parte de sua consciência repousa e com a qual se envolve. Para a maioria das pessoas uma ou duas estantes bastam. Acrescente alguns livros de referência que você usa no dia a dia, dê-se ao luxo de possuir alguns outros livros simplesmente porque gosta deles ou porque gosta de sua relação com eles, e se desfaça do restante.

Doar livros para a biblioteca local é uma excelente solução se você está de fato preocupado com a possibilidade de sentir falta deles. É muito reconfortante saber que, se voltar a precisar deles, você poderá pegá-los de volta por algum tempo. Enquanto isso, eles estão sendo úteis a outras pessoas, em vez de ficarem entupindo suas prateleiras e sua vida. O interessante a respeito de doar livros para a biblioteca do seu bairro é que muito raramente você precisará pedi-los de volta para novas consultas. Depois de se desfazer deles, as pessoas acabam descobrindo novos interesses e se esquecem de tudo a respeito desses velhos volumes.

Revistas, jornais e recortes

Numa casa que visitei, havia um quarto cheio de revistas sobre aviões esperando há mais de vinte anos para serem colocadas em ordem, a fim de que o dono pudesse descobrir que números estavam faltando para completar a coleção. Quando lhe perguntei o que faria quando a coleção estivesse completa, ficou confuso. Teve de pensar por um longo tempo para lembrar por que queria as revistas. Colecionar as revistas tornara-se o objetivo, e não havia um propósito final para isso. Quando resolveu parar com a coleção e desfazer-se dela, escreveu para me contar a respeito do enorme alívio que sentira ao levá-las para um depósito de reciclagem e como era maravilhoso ter um quarto extra em sua casa, de modo que pudesse agora receber hóspedes!

O estúdio de outra cliente desaparecera sob um mar de jornais e revistas que ela estivera guardando até que tivesse tempo para selecionar artigos que lhe interessavam. Também havia três enormes pilhas de recortes junto da escrivaninha à espera de uma posterior seleção e arquivamento. Quando sugeri que ela poderia jogar todas aquelas pilhas de papel no lixo, o que lhe proporcionaria um revigorado reinício, o pânico surgiu em seus olhos, como se isso pudesse ter consequências que lhe ameaçassem a própria vida! Quando paramos um minuto para examinar a papelada juntas, ela percebeu que estava de fato com medo de que, sem querer, jogasse fora algum artigo que se comprovaria vital para sua existência. Trata-se de uma variação da síndrome "isto pode vir a ser útil um dia", que se baseia mais no medo que na confiança de que a vida lhe trará exatamente aquilo de que necessita, quando você necessitar.

É maravilhoso querer continuar aprendendo todos os dias da vida. Porém, hoje somos bombardeados com tantas informações (veja Capítulo 21) que precisamos ser seletivos. Se você quer guardar recortes, crie um sistema de arquivamento para eles e mantenha-os atualizados. Faça triagens periódicas e livre-se de informações que não tenham mais validade. Se você tem uma pilha de recortes à espera de arquivamento, estabeleça para si mesmo um prazo razoável para fazer isso (digamos, até o fim do mês) e, se não forem organizados até então, arquive-os no recipiente destinado a papel reciclável. Quando tiver acabado de ler suas revistas, não as destrua. Doe-as para hospitais, consultórios de dentistas, asilos, escolas e outros lugares onde possam ser utilizadas, ofereça-as a parentes, amigos ou colegas que poderão desfrutar delas ou então apenas as recicle. Mas não as amontoe.

Incentivei essa mulher a se sentar e fazer uma lista das muitas coisas que ela queria fazer na vida, mas que não se decidia a fazer devido à infinidade de tarefas que precisava realizar. Uma perspectiva completamente nova se abriu, e ela pôde rever todas as tarefas que estabelecera para si mesma; então, tornou-se uma decisão mais fácil manter apenas uma pilha recente de revistas e enviar o restante para o seu destino. Na vez seguinte em que a vi, a mudança era notável. A melancolia cinzenta que pairava ao seu redor tinha sumido, e até mesmo o inchaço sob seus olhos desaparecera, e tudo perto dela se tornara animado e vivo. Parecia que ela não havia se limitado aos recortes de papel, mas acabara fazendo uma limpeza em todo o seu estúdio e em seguida em toda a casa. Isso revitalizou totalmente sua vida.

Objetos de valor sentimental

Essa categoria de desordem inclui lembranças de casamento, cartões de Natal e de aniversário de anos passados, cartões postais enviados por amigos, diários pessoais dos anos anteriores, as obras-primas em lápis de cor dos filhos pintadas há vinte anos, e assim por diante. Quanto mais velho você fica, mais lembranças você tem. Você raramente olha para qualquer uma dessas coisas, mas se conforta em saber que elas estão lá.

Meu conselho? Conserve o melhor e jogue fora o restante! Conserve aquilo que você de fato ama, que tem associações maravilhosas e positivas com você. Descarte o que mantém por sentimento de culpa ou por obrigação, e o que desperta em você um, ou muitos, sentimentos ambivalentes. Abra a porta para experiências novas e felizes em sua vida, em vez de remoer o passado.

Uma mulher com quem me encontrei tinha gavetas e gavetas cheias de cartões de Natal e de aniversário, os quais, ela me assegurou, tinham tal valor sentimental que ela jamais poderia se separar deles. Porém, quando nos sentamos e os examinamos juntas, ela foi ficando cada vez mais triste, lamentando-se pela felicidade de tempos idos. Tomar a decisão de se desfazer deles e começar a construir uma vida social em bases revigoradas marcou o início de sua transformação da pessoa solitária em que se tornara para a pessoa extrovertida e comunicativa que ela desejava ser.

Se você tem enormes quantidades de lembranças desse tipo guardadas, é normal que um primeiro passo seja insuficiente. Você, provavelmente, vai precisar analisá-las uma segunda vez. Será um processo constante, recorrente, que no início pode parecer difícil, mas que fica mais fácil cada vez que você o põe em prática.

Fotos

Você tem gavetas ou álbuns abarrotados de fotos? Curta suas fotos enquanto ainda são atuais. Faça montagens coloridas, coloque-as na parede, coloque-as em sua carteira, cole-as em seus cadernos, faça cartões postais e mande-os para seus amigos. Realmente, tire o máximo delas enquanto a energia das fotos ainda está fresca e recente. Não conserve fotos que lembrem a você tempos difíceis do passado. Conserve apenas aquelas que o fazem sentir-se bem e se desfaça do resto. Abra espaço para que algo novo e melhor entre em sua vida.

Nos dias de hoje, muitas pessoas não imprimem suas fotos. Se você tem uma câmera digital e armazena suas imagens eletronicamente, elas não ocuparão nenhum espaço físico. Do ponto de vista energético, isso pode ser muito bom, mas se você mantém quantidades excessivas de imagens sem nenhuma organização, e se o disco rígido de seu computador está cheio, você tem um problema diferente para resolver. Você vai precisar de um software para ajudá-lo a catalogar as imagens e, provavelmente, vai passar horas de sua vida fazendo isso. Basta um clique num botão para tirar fotos, mas pode levar uma eternidade para organizá-las, ou você poderá não encontrá-las outra vez quando quiser.

Se você é um fotógrafo compulsivo, descubra por quê. Você bem pode estar gerando o tipo da bagunça descrita na seção "Identidade" do Capítulo 6. Tira fotos para que possa olhar para elas, anos depois, e dizer a si mesmo, "Eu estava lá, eu fiz isso", e desenvolver um senso de identidade a partir disso. Mas, se você não fez nada de útil enquanto estava lá, por que registrar o momento? Pode ser que, no final de sua vida, você examine todas as suas fotos com um olhar mais sensato e se pergunte, "Para que eu fui a todos esses lugares? Eu estava tão ocupado tirando fotos que nem vivi direito a experiência nem aprendi nada com ela!"

Coloque sua escrivaninha em ordem

Se você trabalha em casa ou tem uma escrivaninha que usa em casa, esta seção é para você. O primeiro passo consiste em fazer uma soma simples: calcule a área percentual desocupada da escrivaninha que você pode ver. Não trapaceie arrumando a escrivaninha antes de fazer isso. Apenas deixe-a exatamente como está para ter uma avaliação honesta da situação.

Vejo centenas de escrivaninhas por ano por causa de meu trabalho de consultoria, tanto em locais de trabalho quanto em residências. Uma coisa que, em sua maioria, elas têm em comum é que quase não existe nelas espaço onde uma pessoa possa trabalhar! Geralmente, há uma área do tamanho de uma folha de papel que foi deixada livre enquanto todo o resto está ocupado com equipamentos ou com pilhas de papel à espera de atenção.

Meu conselho é: Coloque em ordem sua escrivaninha! Há um livro maravilhoso escrito por Declan Tracy (infelizmente, fora de catálogo) com esse título. Nele o autor descreve as escrivaninhas e as práticas comerciais de alguns dos principais empresários do mundo, que, sem exceção, mantêm o mínimo possível de papel. Uma escrivaninha em ordem significa uma mente em ordem, e uma mente em ordem tem visão e perspectiva. Se você está atolado em sua papelada, é exatamente aí que você permanecerá.

Trabalhar numa escrivaninha limpa aumenta a produtividade, a criatividade e a satisfação no emprego. Um hábito excelente é sempre deixar a escrivaninha arrumada todas as vezes que parar de trabalhar. Do ponto de vista psicológico, é muito mais inspirador começar o trabalho numa escrivaninha limpa do que numa escrivaninha cheia de papéis, que o fará sentir-se derrotado antes mesmo de começar.

Portanto, comece agora removendo de sua escrivaninha toda a papelada que está requisitando sua atenção e todos os objetos que não são absolutamente vitais. Estou falando de manter somente o que é de fato essencial, como um computador, um telefone, uma caneta, um bloco de anotações. Materiais suplementares, tais como grampeadores, furadores, clipes para papel, bichinhos de pelúcia, saquinhos de bala, e assim por diante, podem ocupar uma prateleira vizinha ou uma gaveta da escrivaninha.

Controle sua papelada

Eis algumas sugestões para ajudá-lo em sua arrumação:

- Adquira o hábito de descartar impiedosamente (ou de reciclar) tanta papelada supérflua quanto possível.
- Nunca anote mensagens para si mesmo em pedaços soltos de papel. Mantenha-as todas em um caderno e, de tempos em tempos, transfira as informações importantes para o computador.
- Use o quadro de avisos somente para assuntos que estão em andamento. Se quiser se lembrar de fazer algo, escreva o lembrete em sua agenda ou num calendário. Os *post-it* desorganizam sua mente e aumentam a probabilidade de você se esquecer de fazer as coisas! Montes de anotações e de lembretes dissipam sua energia.

- Organize sua papelada financeira e a mantenha atualizada. É muito mais provável você criar prosperidade em sua vida se estiver consciente de como lidar com esse aspecto da sua vida. Adote um sistema para pagar suas contas dentro do prazo, arquive os documentos onde você possa encontrá-los e aprecie o fato de que cada conta que você recebe significa que você ainda é digno de crédito! Quando você aprende a pagar o que deve com a mesma alegria que sente quando recebe o que lhe é devido, você descobre como desfrutar desse jogo do dinheiro que nós, seres humanos, criamos para nós mesmos, em vez de ficar estressado por causa dele.

Desordem virtual

A desordem virtual pode ser um problema tão grande quanto a variedade mais palpável de bagunça se a capacidade de armazenamento de seu computador for limitada. Em vez de esperar que seu disco rígido esteja cheio para começar a excluir programas e documentos de que não necessita mais, é melhor fazer isso um pouco a cada dia à medida que trabalha. Delete os arquivos antigos que estão entulhando seu computador ou guarde-os num sistema externo de armazenamento de informações. Depois, reorganize o sistema de arquivos de seu computador.

Mesmo que não custe muito aumentar a capacidade de armazenamento de seu computador e ela aumente exponencialmente a cada ano, isso não é tão necessário assim. Meu conselho é que você invista num sistema que tenha só a capacidade de que você precisa e desenvolva ferramentas de busca para que possa encontrar o que quer quando necessário. Fique feliz em saber que o lixo eletrônico não causa o mesmo efeito de estagnação em sua vida que o lixo físico, embora eu possa jurar que me sinto muito melhor depois de fazer uma desfragmentação (programa que reorganiza fisicamente os arquivos, para que fiquem armazenados de modo mais ordenado). Mas acho que esse é só um fator psicológico.

A boa notícia, portanto, é que depois que você aprende a mexer no computador e tem capacidade suficiente de armazenamento, o seu disco rígido só fica abarrotado de lixo se você quiser. Invista algum tempo na criação de um sistema de arquivamento e recuperação de dados que funcione de verdade e você possa armazenar quantos arquivos queira.

Assuma o controle de seus e-mails

Como o vício de verificar e-mails afeta uma parte significativa da população, eis dois conselhos essenciais sobre como lidar com esse vício e impedir que ele tumultue seu dia de trabalho.

- Desative qualquer dispositivo para avisá-lo da chegada de um novo e-mail. A seção sobre interrupções, no Capítulo 17, explica por que isso é tão importante.
- Nunca verifique os seus e-mails logo de manhã cedo. Estou falando sério. A menos que seu trabalho dependa disso, essa pode ser uma grande distração que deixa você, no final do dia, com a sensação de que não teve tempo de fazer outra coisa a não ser respondê-los. Eu acho as manhãs tão produtivas e valiosas que só verifico meus e-mails depois de ter cumprido a tarefa que determinei como a mais importante do dia, o que normalmente significa que só os verifico à tarde.

12.

Bagunças de todo tipo

Existem bagunças de todas as formas e tamanhos. Eis alguns itens comuns em geral escondidos nos cantos e armários de muitas casas...

Coisas que você não usa mais

Essa desordem aparece quando sua vida segue em frente e suas coisas não.

- Equipamentos obsoletos de lazer (tais como jogos de que ninguém jamais gostou, equipamentos para esportes que ninguém mais pratica, *hobbies* nos quais agora você não tem mais interesse, brinquedos que seus filhos abandonaram há muito tempo, desde que cresceram, e assim por diante).
- Equipamentos de áudio que você nunca usará novamente (tais como alto-falantes de um sistema de som que você não tem

mais, amplificadores que apitam e zumbem quando você os liga e assim por diante).

- Equipamentos para manter a forma física que você comprou, mas nunca usou depois que o entusiasmo inicial passou (aparelhos para fortalecer o abdômen e os músculos, para modelar as coxas e assim por diante).
- Equipamentos para saúde e beleza que ficaram ultrapassados (bobs aquecidos para os cabelos, massageadores para os pés e assim por diante).
- Bugigangas que você comprou para tornar a vida mais fácil, mas cujo uso se tornou um grande incômodo.
- Equipamentos de jardim (cortadores de grama enferrujados, móveis de jardim quebrados, estátuas com membros amputados).
- Acessórios de automóveis (bagageiro para o teto, pneus velhos, peças sobressalentes variadas).

E assim por diante. Não consigo sequer começar a listar as coisas estranhas e curiosas que as pessoas têm em casa e no jardim que nunca foram e nunca serão usadas. Você pode rir de si mesmo à medida que examina sua lista.

Se tiver particular afeto por coisas que remontam a seus anos de tenra infância, eis algo que você poderá fazer e que muitas pessoas descobrem dar muita satisfação e ser libertador — fotografe-as para a posteridade e, então, desfaça-se delas. As fotos reterão para sempre essas memórias cheias de afeto e poderão ser guardadas numa pequena fração do espaço que os objetos ocupavam.

Presentes não desejados

Essa pode ser uma questão bastante delicada para algumas pessoas. No entanto, eis o meu melhor conselho a respeito do que fazer com presentes não desejados: LIVRE-SE DELES. Eis por quê. Coisas de que você de fato gosta têm um forte campo energético de vibração a seu redor, e presentes não desejados têm energias conflitantes e perturbadoras presas a eles. Esses presentes, efetivamente, criarão um estado energético sombrio em sua casa.

O simples pensamento de se desfazer deles é horroroso para algumas pessoas. "Mas, e se a tia Jane vier nos visitar e o enfeite caro que ela nos deu não estiver mais sobre a mesa?" De qualquer maneira, de quem é a mesa? Se você gosta do enfeite, tudo bem, mas se o conserva por medo ou por obrigação, você está abrindo mão de seu poder. Cada vez que vê esse objeto, seus níveis de energia caem.

E não pense que "longe dos olhos, longe do coração" vai funcionar. Você não pode guardar esse enfeite no armário e tirá-lo de lá quando a tia Jane estiver chegando para uma visita. Sua mente subconsciente sabe que você o guarda. Se há muitos desses presentes não desejados a seu redor, sua rede energética se parece com uma peneira, com a vitalidade escoando por todos os lados.

Lembre-se: é o pensamento que conta. Você pode apreciar o fato de receber um presente, sem ser obrigado a mantê-lo consigo. Tente adotar uma nova filosofia: quando der alguma coisa a alguém, dê com amor e esqueça. Dê a quem o recebe completa liberdade de fazer o que quiser com ele. Se o melhor para a pessoa for atirá-lo direto na cesta de lixo ou oferecê-lo a alguém, tudo bem (você não iria querer que abarrotassem seu espaço com presentes não desejados, iria?) Dê aos outros essa liberdade e você também começará a sentir mais liberdade em sua vida.

Coisas de que você não gosta

São coisas que você mesmo comprou, mas de que realmente nunca gostou. Em geral, você as conserva até que disponha de tempo ou de dinheiro para comprar algo melhor. Vou dar um exemplo. Eu nunca gostei muito de passar roupa. Eu tinha um tipo comum de ferro de passar, perfeitamente bom, mas eu nunca me senti inspirada a usá-lo. Fazia o máximo para me certificar de que quase nunca usaria algo que precisasse ser passado a ferro. Então, certo dia, enquanto estava passando um tempo na casa de uma amiga, descobri o que posso apenas descrever como "o imperador dos ferros de passar roupa". É verdade, custa duas vezes mais que o ferro comum que eu tinha em casa, mas que alegria era usá-lo. Ele levava a atividade de passar a ferro a dimensões totalmente novas, que eu jamais soubera que existiam. Quando voltei para casa, saí e fui no mesmo instante comprar um e, em seguida, dediquei toda uma tarde passando com satisfação todas as minhas roupas. Pela primeira vez na vida, passei roupas com prazer.

Não se contente em dar a si mesmo o segundo lugar entre os melhores. Quando você se educa dando a si mesmo o melhor que pode, esse sinal será transmitido e também atrairá o melhor em outras áreas de sua vida. Se estiver com dificuldades financeiras e se estiver apenas "se virando" com a maior parte das coisas que possui, ame-as, seja grato pelo que tem e anime-se com o pensamento de que logo criará recursos para substituí-las por coisas que o inspirem mais. A maioria das pessoas fica surpresa ao ver como isso se torna possível, quando começam a se empenhar.

Coisas que precisam de conserto

Coisas que precisam de conserto drenam sua energia. Isso se deve ao fato de que, do ponto de vista energético, tudo o que você possui fica sob o manto de seus cuidados e de sua proteção. Você poderá, como lhe parecer conveniente, protelar fazer algo a esse respeito, mas sua mente subconsciente se mantém informada sobre essas coisas, e cada vez que você vê um desses objetos, ou um outro que o faça se lembrar dele, sua energia cai.

Suponha que você tem uma cadeira com uma perna bamba. Há muito tempo que você, conscientemente, se desligou dela quando anda pela sala, mas seus olhos ainda a veem, sua mente subconsciente ainda a registra e seu corpo nunca deixa de reagir energeticamente a ela. Quando você promete a si mesmo que consertará algo, mas não o faz, você perde ainda mais energia e vitalidade.

Conheço uma mulher que mora numa grande casa onde quase tudo precisa de algum tipo de conserto. Ela, de fato, vive com pouca renda e tem um filho para criar, mas é uma mulher inteligente e capaz, que poderia consertar as coisas, se quisesse. A falta de cuidado e de respeito que ela tem pela casa reflete a falta de cuidado e de respeito que tem por si mesma. Quando você cuida de sua casa zelando por ela, você também está amando e respeitando a si mesmo.

Pense no fato de que consertar as coisas e melhorá-las em sua casa é um investimento em você mesmo. E se alguma coisa não justifica o aborrecimento de consertar, então livre-se dela; encontre para ela um novo lar junto a alguém que a aprecie e esteja disposto a consertá-la ou dê a ela algum outro destino

Bagunça em dobro

Certa vez, dei uma consulta para uma mulher solteira viciada em bagunça, cujos pais, que eram ainda mais viciados do que ela, haviam morrido e deixado para ela tudo o que tinham na casa. Por isso, ela possuía dois conjuntos de utensílios de cozinha, dois conjuntos de acessórios de banheiro, dois conjuntos de móveis de sala, dois de tudo, e uma casa abarrotada. Na verdade, para certas coisas ela possuía até três ou quatro conjuntos. E simplesmente não havia espaço para tudo isso. No entanto, ela não era capaz de jogar nada fora porque a maior parte das coisas ainda teria anos de uso. Sua casa tornou-se tão obstruída do ponto de vista energético que era até difícil respirar ali dentro, e toda sua vida ficou encalhada enquanto ela prosseguia com a árdua tarefa de triagem de todas as caixas herdadas da família, repletas de utensílios doméstico e itens pessoais.

Faça uma checagem em seus armários e conte quantas coisas de cada tipo você tem. Se tiver espaço, tudo bem manter alguns itens extras, mas, se não tiver, é hora de fazer uma limpa.

Bagunça herdada

Muitas pessoas se sentem obrigadas a guardar objetos por respeito à memória de quem já se foi. Mas lembre-se de que quem quer que os tenha dado a você agora está no mundo espiritual, onde não há apego às coisas materiais. Essa pessoa vai entender perfeitamente se tiver que se desfazer desse objeto, caso ele esteja impedindo você de avançar. Dê a si mesmo permissão para fazer isso se tiver vontade. Se não gosta do objeto ou não encontrar nenhuma utilidade para ele, repasse-o para outra pessoa.

Uma leitora me escreveu para dizer:

"Seu livro fez toda diferença na minha vida! Obrigada! Compramos um exemplar para todos os membros da família e justo esta manhã recebi um telefonema de minha mãe dizendo o quanto ela gostou do livro. Ela agora se sente preparada para seguir em frente depois da morte do marido".

Existe, contudo, o outro lado da moeda. Se você não arrumar sua bagunça antes de morrer, imagine o fardo que deixará para sua família e seus amigos quando você se for! A menos, é claro, que esteja pensando em deixar o mesmo tipo de herança mencionado na carta a seguir...

"Depois de ler o seu livro eu decidi organizar toda a casa da minha avó, onde eu agora moro. Pode acreditar quando digo que minha mãe, tios e tias não gostaram nem um pouco de minha faxina e da decisão de me desfazer de todas as "tralhas da mamãe". Quando eu estava revirando uns baús antigos, encontrei cinco mil dólares enrolados num lenço velho. Isso despertou o interesse da família toda, que resolveu participar da faxina e acabou encontrando quase oito mil dólares que estavam escondidos há anos".

Para compreender melhor o que acontece depois da morte, leia *Death, the Great Journey*, de Samuel Sagan, que pode ser encomendado, em inglês, no site clairvision. org. Este é, a meu ver, o livro mais importante que já li na vida e recomendo que você o leia também. É absolutamente inspirador e lhe proporcionará uma perspectiva muito mais clara não só da morte, mas da vida também. Depois de lê-lo, você com certeza olhará de outra maneira qualquer apego que tenha pela sua bagunça!

Caixas

Eu nunca me esqueço do olhar de surpresa do homem que veio retirar meus móveis, quando ele se abaixou para pegar uma de minhas grandes caixas de papelão, achando que estaria tão pesada quanto as outras, que tinha carregado durante toda a manhã, e quase caiu de costas. Isso foi na época em que eu ainda tinha a mania secreta de guardar caixas vazias!

Para mim, em particular, as caixas dão muita satisfação e são tranquilizadoras. Muitas vezes fico mais encantada com as caixas de presente do que com os presentes propriamente ditos. Mas essa pode ser uma paixão inviável em termos de espaço; e, em termos de Feng Shui, não é muito estimulante ter a energia da "caixa vazia" concentrada em alguma parte da casa. Ela provoca uma sensação de vazio em qualquer aspecto de sua vida que essa parte da casa represente no baguá. Eu agora limito muito o número de caixas vazias que tenho em casa e me certifico de que a maioria delas tenha utilidade, em vez de ficar ocupando espaço inutilmente.

Quando você comprar um aparelho novo, guarde a caixa em que ele veio durante o período da garantia e depois jogue-a fora. Não guarde a caixa para sempre, "só para o caso" de se mudar um dia e precisar transportar o objeto. É muito fácil embalar aparelhos em caixas comuns de papelão, se você tiver mesmo que se mudar.

Outra dica útil, caso você seja obrigado a manter as caixas por qualquer motivo, é guardá-las desmontadas. Assim ocupam menos espaço e não vão mais lhe causar aquela sensação de vazio.

Objetos misteriosos

Todo mundo tem alguns desses, principalmente na gaveta de bagunça. Podem ser peças avulsas não identificadas que você guarda há anos; suportes para equipamentos que você nunca usou ou para aparelhos que não tem mais; pecinhas e borrachinhas que caíram de algum lugar e você não sabe de onde, etc. Todos eles são bons candidatos à lata de lixo.

13.

Grandes bugigangas

Enquanto estiver fazendo a eliminação da bagunça, não se esqueça das GRANDES bugigangas – aquele móvel antigo e horrível que você sempre odiou, o grande piano atravancando a sala de estar, o tapete enrolado que você nunca usou, o carro enferrujando no quintal, uma esteira quebrada que você tem há anos e está acumulando poeira num canto.

Algumas dessas coisas são tão grandes e tirá-las do lugar é um tamanho desafio que você aprende a arte de ver através delas como se não existissem mais. Você pode ser capaz de fazer isso indefinidamente, mas, goste ou não, quanto maiores elas forem, mais obstruem o seu fluxo de energia e mais importante é removê-las. Isso é ainda mais importante se o simbolismo delas estiver impedindo seu progresso na vida. Um carro enferrujado na área da Prosperidade do seu jardim certamente afetará suas finanças; uma planta moribunda na área da Carreira o fará sentir-se cansado e letárgico a respeito de seu trabalho ou de sua vida; móveis inúteis em qualquer área do seu baguá criarão obstáculos nessa área de sua vida; e assim por diante.

Talvez não seja tanto o fato de você ter guardado lixo em excesso, mas, sim, de sua casa ser pequena demais para acomodar o que você tem tentado acumular ali. Esse é, com frequência, o caso se você se muda de uma casa grande para outra menor e tenta levar consigo todos os móveis. Ou se tem aceitado móveis de presente ou se está guardando coisas para quando se mudar para uma casa maior. Nesses casos, você precisa ter uma perspectiva realista e muito senso prático. Quando sua casa está tão cheia de coisas que praticamente não há espaço para as pessoas, você se sentirá sufocado na vida. Abrir algum espaço permitirá que novas oportunidades floresçam.

Pesquise na internet e você com certeza vai encontrar alguém que ficará contente em vir e levar embora esses grandes objetos — e provavelmente até mesmo pagará a você algum dinheiro por esse privilégio.

Você também pode tentar o Exército de Salvação da sua cidade. Faça um cadastro no site e agende dia e hora para a retirada. Mas os objetos a serem doados têm que estar em bom estado, pois a organização não aceita bens que necessitem de reparos. Quase sempre, as prefeituras podem informar sobre entidades locais que precisam e recebem doações.

Se nada disso funcionar, você talvez precise recorrer a seus amigos ou a sua família para ajudá-lo a desmontar essas grandes bugigangas e levá-las para reciclagem ou para um depósito de lixo. Feito isso, você ficará feliz com a diferença e se perguntará como conseguiu viver com aqueles objetos durante todos esses anos!

14.

Bagunça de outras pessoas

Você pode ter muita liberdade com a família, com os amigos e com colegas, mas basta pôr um dedo na bagunça deles e logo verá algumas faíscas voarem! Uma das perguntas que formulo com mais frequência é o que fazer com a bagunça das outras pessoas, principalmente com a das pessoas que moram com você.

Bagunça do parceiro

Simplesmente conversar com seu parceiro a respeito da bagunça dele poderá logo trazer à tona questões desde há muito enterradas num relacionamento. Resmungar, discutir, ameaçar e dar ultimatos só faz com que o viciado em bagunça fique ainda mais entrincheirado. NUNCA, JAMAIS arrume a bagunça dele, a menos que ele lhe peça isso categoricamente. As pessoas têm um profundo apego emocional à própria tralha e podem ficar muito transtornadas ou perder as estribeiras se você se intrometer.

Entenda que você nunca poderá mudar outra pessoa. A única pessoa que você pode sempre mudar é você mesmo. Em todos os anos em que estive ensinando sobre isso, descobri que apenas dois recursos são consistentes e eficazes para lidar com a bagunça das outras pessoas. São os seguintes:

Educação

As pessoas precisam entender realmente o lado negativo da bagunça; só assim terão incentivo para fazer algo a respeito. É por isso que muitos reaparecem com frequência em meus seminários, vários meses depois, com um parceiro a tiracolo para que ouça o que eu tenho a dizer. Parte da minha razão para escrever este livro é alcançar um número maior desses parceiros sem que eles tenham de ser arrastados para me ouvir!

Seguindo o exemplo

Tenho ouvido um número significativo de pessoas dizer que, tão logo começam a eliminar sua própria bagunça, membros da família e amigos próximos, sem que sejam incitados a isso, subitamente propõem-se a fazer o mesmo. Em muitos casos, não existe sequer qualquer comunicação verbal entre eles. De algum modo, a mensagem chega às pessoas com quem mantêm contato mais frequente, mesmo que morem longe.

Uma história memorável foi contada a mim por uma mulher que leu meu livro e, cheia de entusiasmo, começou a eliminar a bagunça de sua casa. O processo demorou quase duas semanas. Durante esse tempo, seu avô, com quem ela não estivera em contato por algum tempo e que morava a 320 quilômetros de distância, deixou toda a família perplexa por, inesperadamente, fazer uma boa limpeza em quarenta anos de lixo acumulado no barracão do jardim.

Outra mulher participou de um seminário de uma semana que fiz em Londres. Enquanto estava sentada, assistindo ao curso e recebendo informações sobre a eliminação da bagunça, seu marido, espontaneamente, decidiu fazer uma enorme limpeza e passou todo um dia, em seis viagens de carro, carregando bugiganga para o depósito de lixo. Isso tornou-se muito comum em meu seminário "Arrume sua bagunça". Há sempre algum participante me dizendo que alguém em casa ou um amigo muito próximo se sentiu inspirado a eliminar a bagunça enquanto ele está ali sentado me ouvindo.

Uma mulher que eu treinei em limpeza do espaço contou-me certa vez um exemplo maravilhoso a respeito dessa questão entre parceiros. Com naturalidade, ela vivia uma vida bastante ordenada e livre de bagunça, e a escrivaninha de seu marido, sempre desarrumada, começou realmente a incomodá-la. Ela sabia que, já que essa bagunça estava na vida dele, isso deveria de algum modo estar refletindo uma parte de si mesma, mas, por mais que tentasse, não conseguia imaginar do que se tratava. Então, certo dia, ela de repente entendeu. Percebeu que, embora o marido fosse externamente desorganizado, era muito ordenado e organizado internamente; ela, por sua vez, era ordenada externamente, mas não tão organizada internamente. E, então, o que aconteceu? Logo depois que ela percebeu isso e começou a ficar mais organizada em seu interior, o marido decidiu, por si mesmo, que era hora de arrumar a escrivaninha e de mantê-la arrumada!

Bagunça das crianças

De onde é que vem tanta bagunça? A das crianças parece proliferar e tomar conta do espaço num ritmo alarmante se não for reprimida e controlada!

Uma das coisas mais importantes a incutir numa criança é a confiança. Quando uma criança se sente amada, segura e feliz, não espera tanto das "coisas". Insista nesse sentido com ela ensinando-a a ter consciência da bagunça desde a mais tenra idade para que não se torne viciado em bagunça no futuro.

Comece ensinando seus filhos a arrumar as coisas por si mesmos. Quando eles ganham um novo brinquedo, decidam juntos onde será o lugar de guardá-lo, de modo que saibam muito bem onde colocá-lo quando fizerem a arrumação.

De tempos em tempos, leve-os a tomar decisões a respeito de brinquedos que já foram deixados de lado — quais conservarão e quais serão descartados. No entanto, deixe que eles tomem a decisão final. Algo que para você pode parecer já ter morrido e ido para o céu, ainda pode ter uma imensa importância e anos de utilidade para seu filho.

A acumulação compulsiva na infância pode originar-se de inúmeros motivos. Se sua prole parece indomável, entenda que todas as crianças manifestam a mente subconsciente dos pais, e por isso, se você descobrir que, repetidamente, resmunga com elas, obterá melhores resultados se, antes de mais nada, colocar suas próprias coisas em ordem. Em outros casos, a acumulação pode ser resultado de algum tipo de trauma que a criança viveu, é um pedido de socorro que precisa ser ouvido.

Eis uma carta muito inspiradora, que publiquei na seção Carta do leitor de meu site spacecleaning.com, escrita por alguém que se autointitula princesa da bagunça e da acumulação.

"Tenho 9 anos e era a princesa da bagunça e da acumulação. Podia me enquadrar em quase todas as razões que tornam uma pessoa bagunceira: "apenas por precaução", identidade, territorialismo e avareza. Eu costumava guardar todo papel que julgasse importante, cartas, ingressos de cinema e todas as roupas que não me serviam mais. Eu ficava brava quando minhas roupas ficavam apertadas e triste quando tinha de jogar alguma coisa fora. Eu gostaria de agradecer por você ter escrito seu livro para que eu e outras pessoas possamos nos libertar."

Bagunça de adolescentes

Com tantos hormônios em rebuliço em seus corpos, é compreensível que manter o quarto arrumado ou livre da bagunça não esteja exatamente no topo da lista de prioridades dos adolescentes. A não ser que já tenham entrado no caminho da organização quando crianças, eles provavelmente dirão que sabem muito bem lidar com sua bagunça, e passar bem, obrigado. A bagunça e o caos dos adolescentes costumam ser seu tumulto interior manifestando-se no exterior.

Certa vez, participei ao vivo pelo telefone de um programa na MTV, respondendo a perguntas feitas por jovens a respeito de como usar o Feng Shui.

Os três tópicos principais sobre os quais queriam ajuda eram os seguintes: como passar nos exames, como fazer amigos e como não deixar os pais se intrometerem na vida deles! A maioria dos adolescentes sente, num grau maior ou menor, a necessidade de privacidade emocional e física, e os pais precisam respeitar isso, assim como os adolescentes também precisam respeitar o espaço de seus pais. No entanto, é razoável fazer um acordo que, pelo menos, confine a bagunça e o caos dos adolescentes a seus quartos, e estabeleça que eles, regularmente, façam a arrumação e uma boa limpeza.

Bagunça de amigos, vizinhos e parentes

Às vezes, as pessoas não têm muita bagunça, mas concordam em cuidar das coisas de outras pessoas. "Por favor, cuide um pouco deste horrível sofá para mim enquanto viajo para a Nova Zelândia." Dois anos mais tarde, você ainda está à espera da volta de seu amigo, e o sofá começou a criar raízes!

Pense bem antes de concordar em atravancar seu próprio espaço e, se decidir fazer isso, pelo menos imponha um limite de tempo: "Ok, vou tomar conta de seu sofá horroroso, mas, se você não voltar a procurá-lo em x meses, ele se transformará em lenha/será usado para estofar mil travesseiros para pessoas carentes/ou qualquer outra coisa". Faça um acordo claro a respeito do que acontecerá com o sofá; desse modo sua amizade não será afetada se o sofá não esperar pelo dono.

Uma amiga australiana contou-me uma vez que armazenara seus pertences durante anos enquanto morava no estrangeiro: pagara 700 dólares para carregá-los em sua mudança durante essa época e, por fim, conseguira 60 dólares ao vender o lote todo. O fato de perceber que a maior parte das coisas que as pessoas pedem para você guardar não valem as caixas onde são armazenadas, torna muito mais fácil para você não se sentir tão mal por não atender a seus apelos por um espaço onde descarregar a tralha toda.

15.

A simbologia do Feng Shui e a bagunça

Um dos maiores incentivos para se livrar da desordem é entender que o fato de manter a bagunça não está fazendo a você bem algum, em absoluto.

Há duas maneiras pelas quais a simbologia das coisas em sua casa pode afetá-lo. A primeira delas tem a ver com as associações pessoais negativas que você pode ter com alguma coisa; a segunda tem a ver com a frequência emitida pelo próprio objeto.

Associações negativas

Associações pessoais

Se você conserva em sua casa coisas com as quais faça associações negativas, não importando se ainda tenham anos de vida útil, elas estão poluindo seu espaço e sua psique.

Muitos anos atrás, tive um namorado que chutava coisas quando estava de mau humor; certo dia sua bota atingiu meu aparelho de som portátil. Nosso relacionamento não durou muito, mas eu conservei o aparelho de som. Cada vez que o usava, via o estrago e me lembrava do incidente que o causara, mas eu o conservei porque, fora isso, ainda estava perfeitamente bom. Continuei usando-o durante cerca de um ano, até que, certo dia, olhei para o aparelho de som, lembrei-me do incidente e decidi que não queria jamais voltar a lembrar. Compreendi que, em minha mente, ele ficara simbolicamente associado ao fato de estar desapontada com o comportamento dos homens.

Saí no mesmo instante, comprei um novo aparelho de som e dei o velho para uma amiga que precisava de um. Ela ficou muito contente. Não tinha ideia do motivo pelo qual faltava um pedacinho de plástico na parte de cima, e não se preocupou em absoluto com isso, pois um aparelho de som com uma pequena imperfeição era muito melhor do que nenhum. No entanto, para mim, a associação negativa que tinha com ele fazia com que minha energia afundasse todas as vezes que o via, e foi um enorme alívio livrar-me dele. Eu comecei a atrair homens muito melhores para minha vida também!

Associações ultrapassadas

Às vezes, as associações pessoais não são negativas, mas apenas ultrapassadas. Por exemplo, quando sou chamada a fazer uma consulta para alguém que está querendo iniciar um novo relacionamento, dou uma volta pela casa e, com frequência, descubro muitas coisas que pertenceram a, que foram presentes de, ou que lembravam um parceiro anterior, e que as pessoas não deixavam ir embora. Estejam ou não conscientes dessa associação, a energia dessas pessoas está sendo continuamente arrastada para o passado, e isso torna muito difícil criar algo novo.

Se, digamos, 50% de seus móveis e pertences estão associados a uma época de sua vida da qual você quer se afastar, então 50% de sua energia está ligada ao passado em vez de estar disponível no tempo presente. Faça o que fizer, o progresso será lento. De maneira semelhante, se a sua casa estiver cheia de móveis, ornamentos e outros itens que, muitas vezes, o fazem se lembrar de amigos com quem você tem ou teve relacionamentos difíceis ou problemáticos, essas associações, igualmente, terão um efeito de drenagem sobre você.

Isso também explica por que o ideal é que você comece qualquer relacionamento novo num lugar onde nenhum dos dois jamais morou antes. As probabilidades se acumulam contra vocês quando moram num lugar onde um dos dois faça velhas associações.

Uma cerimônia de limpeza do espaço profunda e completa eliminará as velhas vibrações, mas você nada pode fazer a respeito das associações mentais e emocionais que são desencadeadas quando você vê certas coisas. Uma maneira de lidar com isso consiste em despender tempo e energia para forjar novas conexões, mais fortes, mais felizes e mais positivas até você alcançar o ponto em que esgota e se desliga completamente das velhas associações. Uma mulher que conheci pintou todos os móveis vitorianos que herdara da avó de azul-claro e amarelo para que essas cores se harmonizassem com o restante de sua decoração, e isso resolveu o problema! Enquanto pintava, infundia os móveis com todo o amor e a alegria que conseguia reunir, e, por isso, todas as vezes que olhava para eles, fazia as mais fortes associações.

A outra maneira de lidar com isso consiste em descartar tudo e começar de novo. Fiz isso duas vezes em minha vida. Em ambas, foi uma experiência muito assustadora, e no entanto incrivelmente revigorante e regeneradora; um verdadeiro momento decisivo. Minha vida pedia por isso, mas as pessoas, em sua maioria, não precisam ser tão radicais. Procure substituir os itens com os quais você tem associações improdutivas à medida que se sentir capaz disso.

Frequências

Desde há muito tempo, eu tenho a capacidade de me colocar em frente a um retrato e sentir seu efeito. Há algum tempo, encontrei um livro intitulado *Life Energy and the Emotions*, de John Diamond, com o qual aprendi como fazer isso! Por exemplo, ele mostra uma fotografia incomum de Winston Churchill com uma expressão particular no rosto e a legenda diz o seguinte: "A maioria das pessoas atestará fraqueza no meridiano do fígado quando olhar para esta foto". Outra fotografia traz a legenda: "A maioria das pessoas atestará fraqueza no meridiano do coração quando olhar para esta foto", e assim por diante, passando por todos os meridianos. Ele examinou os estados emocionais positivos e negativos associados a cada um dos canais de energia de nosso corpo.

A medicina chinesa nos ensina que temos doze pares de meridianos ao longo dos quais a energia se movimenta através de nosso corpo, e a acupuntura baseia-se na harmonização e no reequilíbrio do fluxo de energia nesses meridianos para revitalizar os órgãos relevantes com os quais estão ligados. A pesquisa de John Diamond conclui que a função desses canais de energia, e, desse modo, nosso estado geral de saúde, é muito influenciada pelos estados emocionais positivos e negativos. Por exemplo, ele diz que o fígado fica enfraquecido se você se sente infeliz, e fortalecido quando você cultiva um sentimento de alegria; o meridiano do coração fica enfraquecido pela raiva, e fortalecido pelo amor e pelo perdão; o baço é enfraquecido pela ansiedade quanto ao futuro e fortalecido por uma atitude de fé no futuro; e assim por diante. É um estudo fascinante, e o livro merece ser lido.

Mas o que me pegou de fato foi sua aplicação do Feng Shui. Estive em muitas consultas nas quais encontrei, numa posição de destaque na casa de alguém, um quadro, fotografia, pintura, pôster, estátua, ornamento ou outros objetos que emitiam uma frequência totalmente contraproducente com relação a tudo o que o cliente me dizia querer. Uma mulher tinha um enorme retrato de si mesma infeliz, pintado em cores escuras e sombrias, pendurado na posição mais destacada da sala de estar, perto da porta que levava à cozinha. Ela devia ver esse retrato cem vezes por dia, e eu soube no mesmo instante, pela maneira como ele afetava meu corpo, que ela devia estar deprimida. Custara-lhe tanto dinheiro que ela estava relutante em se livrar dele, e por isso a persuadi a, pelo menos, retirá-lo de lá por cerca de um mês e ver como se sentia. Ela ficou perplexa ao perceber que se sentia melhor sem ele e nunca mais voltou a pendurá-lo.

A minha foto, que aparece na quarta capa deste livro, levantará sua energia quando você olhar para ela. Ela foi especialmente produzida tendo isso em mente, e a reação que recebi de pessoas de níveis culturais, religiosos e sociais muito diferentes, confirma esse fato. Todas elas me dizem: "Eu apenas olhei para sua fotografia e percebi que queria saber mais a respeito do que você faz". Esse tipo de simbologia do Feng Shui é universal em sua aplicação.

A arrumação de sua casa para efeitos simbólicos

Agora você precisa dar uma volta pela sua casa, olhar para todos os seus pertences e perguntar a si mesmo: "O que isto está me dizendo simbolicamente? Como está me afetando do ponto de vista energético? Está criando o efeito que eu quero ou eu poderia dar uma melhorada aqui?"

Comece separando coisas que puxam sua energia para baixo, tais como uma predominância de objetos pendurados (plantas, objetos de decoração e assim por diante). Isso é muito importante se você tem quartos com tetos baixos, nos quais sua energia é esmagada antes mesmo de você perceber.

Em seguida, comece a contar. Você tem coisas dispostas isoladamente, em pares ou em grupos? Se todos os enfeites de sua casa são solitários, a vida tenderá a lhe oferecer experiências solitárias. Se você, em vez disso, quiser um companheiro, estimule a energia de sua casa arranjando as coisas em pares. Pessoas felizes no casamento naturalmente compram tudo em pares, porque é assim que lhes parece certo (pergunte a algumas e constate esse fato!). De início, parecerá estranho fazer isso porque você está acostumado a ser solitário. Você precisará continuar até que lhe pareça uma segunda natureza, que criará, em seu campo energético pessoal, a mudança que você esteve procurando.

Em seguida, examine a simbologia de sua casa no contexto do baguá do Feng Shui. Cuide para que cada área da casa, e cada área de cada cômodo, tenha uma simbologia apropriada que lhe dê apoio naquilo que você quer fazer na vida.

Lembro que uma cliente me contou estar sempre discutindo com seu empregado, e na área de Carreira da casa dela havia uma enorme pintura a óleo de uma cena de batalha. Outro cliente, um ilusionista, era muito bom no que fazia, mas tinha dificuldade em receber o pagamento pelos shows que realizava. Ele percebeu que guardava todos os espelhos usados em seus truques na área da Prosperidade de sua casa.

Comece a olhar para tudo em sua casa e perguntar a si mesmo: "O que isto simboliza para mim e como me faz sentir?" A explicação detalhada sobre como eliminar a bagunça, no capítulo seguinte, o ajudará a fazer uma seleção de seus pertences com muito mais facilidade.

Parte Três

Elimine a bagunça

Parte Tres

Elimine a Baguio

16.

Como eliminar a bagunça

Há três maneiras testadas e comprovadas de lidar com a bagunça:

1) *Deixe a natureza seguir seu curso (também conhecida como Técnica de Abrir Mão da Decisão)*

Coloque sua bagunça num lugar em que ela se desintegre a tal ponto que você não queira mais mantê-la. Um homem que encontrei e que passava uma longa temporada em Bali confidenciou-me: "Eliminei boa parte de minha bagunça e coloquei o restante num barracão sem cobertura. Espero que, quando eu voltar para casa, tudo esteja tão mofado que eu precise jogar fora.

2) Espere até você morrer e deixe seus parentes fazerem a partilha

Essa tem sido a maneira favorita ao longo dos séculos. Você poderá até mesmo redigir um testamento dizendo às pessoas exatamente o que fazer com tudo o que tem!

3) Assuma a responsabilidade por sua bagunça e elimine-a você mesmo

Essa abordagem, muito mais fortalecedora, gera um karma muito melhor e o ajuda a se dar bem com sua vida imediatamente, em vez de esperar que você ou sua bagunça expirem! Esse é o método que eu recomendo.

O começo

Sem dúvida, as pessoas acreditam que a parte mais difícil é vencer a inércia e começar. Uma vez que você começou, o próprio processo liberará mais energia para lhe permitir continuar. Toda a energia estagnada que está presa na bagunça fica livre para ser usada por você de maneira mais positiva. E quanto mais você elimina a bagunça, mais fácil isso se torna, pois você sabe como se sente bem depois de fazê-lo, e conhece os benefícios positivos que se seguem.

Minha regra geral, baseada na experiência, é a de que, se eu fosse mudar de casa amanhã e sobrasse mais de um saco cheio de coisas para jogar fora, é porque tenho bagunça a eliminar agora mesmo. Eu gosto de viver assim porque minha vida funciona muito melhor. Não se trata de disciplina ou dever; faz todo sentido para mim e eu não gostaria de viver de nenhuma outra maneira. Tampouco sou fanática, apenas reservo uma parte do meu tempo para isso regularmente, de modo que tudo esteja sempre sob controle.

Então, eis algumas dicas para que você comece A Grande Eliminação de Sua Bagunça!

Olhe de frente seus pensamentos e suas emoções

O objetivo deste livro não é dizer que você "deve" fazer isso ou aquilo, mas sim explicar de que maneira a bagunça afeta sua vida e, assim, motivá-lo a fazer suas próprias escolhas.

"Eu deveria" é uma das expressões mais paralisantes que existem. Quando você a usa, sente-se culpado e também obrigado a fazer alguma coisa. Meu conselho é que você a elimine de seu vocabulário para sempre. Daqui para a frente, diga "eu poderia", não "eu deveria".

Perceba a diferença entre "Eu *deveria* começar a organizar minha bagunça hoje" e "Eu *poderia* começar a organizar minha bagunça hoje". A segunda opção dá poder a você; a escolha é sua e, depois de realizado o trabalho, o crédito também é seu. A primeira opção deprecia você; faz com que se sinta em falta e rouba sua satisfação depois de terminada a tarefa.

Também sugiro que você substitua "não consigo" por "não quero". Isso será realmente um progresso. Depois, perceba a diferença: "Eu *não consigo* decidir se fico com isso ou não" ou "Eu *não quero* decidir se fico com isso ou não". Quando você diz "eu não consigo", você se sente desanimado e sem esperança. Quando diz "eu não quero", você está no controle, é livre para escolher, e se você se perguntar por que não quer se livrar de alguma coisa, vai descobrir que tudo se resume a um bloqueio subconsciente que você nem sabia que tinha – "Eu não quero decidir se fico com isso ou não porque isso lembra minha mãe/meu pai/meu marido...". Bem, ainda há muito trabalho a ser feito, mas pelo menos você está sendo sincero agora.

A melhor hora para eliminar a bagunça

Qualquer hora é uma boa hora. Uma vez que a maior parte da eliminação da bagunça é feita sob área coberta, você poderá realizá-la de dia ou de noite, em qualquer época do ano, chova ou faça sol. No entanto, se acontecer de você estar lendo este livro na primavera, será um bom começo. Há um instinto natural de fazer uma boa limpeza nessa época do ano, quando há um novo impulso em toda a natureza para crescer e brotar. Se você mora numa parte do mundo onde há apenas duas estações (seca e úmida) em vez de quatro, parecerá mais fácil fazer essa limpeza no início de qualquer um desses períodos.

Outra época boa é logo depois de você voltar de férias. Você tem uma perspectiva diferente nessas ocasiões e fica mais fácil tomar decisões a respeito do que você, objetivamente, precisa manter. O mesmo é verdadeiro quando você muda de casa, recupera-se de uma doença, começa um novo emprego, um novo relacionamento ou uma nova fase de sua vida de alguma maneira. Mas não faça da ausência desses momentos uma desculpa para não começar. Repito, qualquer hora é uma boa hora!

Em geral, recomendo que você faça pelo menos uma grande revisão na sua bagunça a cada ano, e se você de fato quer que sua vida corra bem, ela precisa estar sob constante revisão. Faça a grande eliminação da bagunça e a mantenha sempre sob controle.

Leve o tempo que precisar

As pessoas têm diferentes quantidades e tipos de bagunça, isso para não mencionar os diferentes níveis de disposição para se desfazer das coisas. Descobri que cada pessoa aborda a eliminação da bagunça adotando um entre dois caminhos: um tipo de pessoa lerá este livro, cancelará todos os compromissos e disparará pela casa como um ninja ou um tufão, livrando-se de toda bagunça com alegria; o outro tipo fará tudo em etapas.

Se precisar de mais tempo, faça as coisas no seu ritmo. Pode ser que você esteja muito ocupado, muito estressado ou sufocado pela quantidade de bagunça que tem. Mas você pode avançar em seu ritmo, qualquer que seja ele. Faça um pouquinho por vez à medida que se sinta capaz. No entanto, tenha em mente o seguinte:

Se estiver atarefado

Lembre-se de que, de alguma maneira, você PÔDE encontrar tempo para adquirir toda sua bagunça; portanto, você PODE encontrar tempo para se livrar dela!

Se estiver estressado

Saiba que a eliminação da bagunça é uma das melhores terapias que existem para a preocupação, o estresse e a ansiedade.

Se estiver se sentindo sobrecarregado

Você não se sentirá mais assim se seguir esses passos simples, que já ajudaram milhões de pessoas a aliviar sua carga, inclusive algumas muito mais viciadas em bagunça do que você (você nem estaria com este livro nas mãos se seu caso fosse tão difícil).

Faça uma lista

Em primeiro lugar, dê um giro pela casa com um bloco de anotações e uma caneta na mão, anotando as áreas de bagunça em cada aposento. Se não estiver em casa (ou se não estiver disposto!), apenas feche os olhos e visualize a si mesmo caminhando de cômodo em cômodo. Você descobrirá que sabe exatamente onde está a bagunça.

Em seguida, pegue outra folha de papel e reescreva a lista, começando com as menores áreas de bagunça e descendo até as grandes montanhas.

Exemplos de áreas pequenas: atrás das portas, gavetas individuais, armário do banheiro, pequenos armários, bolsas, sacolas de mão, pastas, carteiras, caixas de ferramentas etc.

Áreas de tamanho médio são guarda-roupas, armários de cozinha, escrivaninhas, arquivos e assim por diante.

Áreas maiores são quartos de despejo, porões, sótãos, barracões de jardim, garagens e quaisquer espaços cheios de bagunça que, claramente, demorarão para serem organizados.

Agora, faça um asterisco ao lado das bagunças que mais o incomodam. São aquelas pelas quais você deverá começar, partindo das pequenas e dirigindo-se às maiores. Em primeiro lugar, ganhe experiência na eliminação das bagunças menores. Os pequenos sucessos vão inspirá-

-lo e encorajá-lo a trabalhar com as áreas maiores. E quando perceber o quanto se sente bem eliminando a bagunça que o incomoda, você estará mais motivado a iniciar o trabalho naquelas áreas onde gostaria que a bagunça apenas desaparecesse por conta própria.

Motive a si mesmo

Outro forte elemento motivador consiste em utilizar o baguá do Feng Shui (veja o Capítulo 8) para checar quais aspectos de sua vida você esteve sabotando ao empilhar lixo em sua casa. As pessoas ficam perplexas quando descobrem como o baguá é preciso. Em seguida, pense um pouco a respeito de como você gostaria que esses aspectos de sua vida se apresentassem no futuro. Ter isso em mente de fato o ajudará a começar. Mantenha essas ideias até que o trabalho esteja terminado.

Limpeza do espaço para ajudar a eliminação da bagunça

Meu objetivo é que as informações deste livro o motivem a tal ponto na eliminação da bagunça que você não precise de nada mais. No entanto, se não se sentir motivado, realizar uma cerimônia completa de limpeza do espaço o ajudará a começar. O ideal é você eliminar a bagunça primeiro, mas se há trabalho demais a ser feito, e isso é desanimador, pule essa parte e realize os passos seguintes, apenas para fazer a energia se movimentar pelo espaço.

Posteriormente, depois de ter eliminado a bagunça, você será uma pessoa diferente, então vai precisar fazer uma segunda limpeza do espaço para que a frequência da sua casa fique igual a sua. Mas não se lamente por ter que fazer a mesma cerimônia duas vezes. Como todo mundo que tem bagunça para arrumar sabe, até que ela seja eliminada por completo, tudo é muito mais difícil. Não será nenhuma surpresa o fato de isso valer para a limpeza do espaço também. Mas a limpeza do espaço é a maneira mais rápida que eu conheço de liberar a energia estagnada que se acumula em torno da bagunça, e quando você descobrir o quanto isso ajuda a limpar seu lixo emocional, não vai se importar de fazer a cerimônia mais de uma vez.

Para uma descrição detalhada de como fazer a cerimônia, consulte o meu livro *Criando Espaço Sagrado com o Feng Shui* ou visite o site www.spaceclearing e se inteire mais do assunto.

Preparações finais

Agora, você já deve ter alguma ideia de quanta bagunça pretende eliminar, e por isso pode avaliar qual será a melhor maneira de retirá-la de onde está. A não ser que já tenha decidido recorrer a um caminhão de mudança e dedicar a isso bastante tempo, então simplesmente consiga algumas caixas de papelão e/ou sacos de lixo. Esses constituirão o seu pequeno exército de ajudantes.

Se decidir usar caixas, os quatro tipos básicos de que precisará são os seguintes:

- **Uma caixa para o lixo**

Para o que é realmente entulho, destinando-se pois à lata de lixo.

- **Uma caixa para consertos**

Para itens que precisam de conserto, alterações, reformas etc. Coloque nela apenas coisas que você está certo de que quer e de que precisa, e dê a si mesmo um limite de tempo para consertá-las.

- **Uma caixa de reciclagem**

Para coisas a serem recicladas, vendidas, trocadas, doadas a alguém etc. Libere-as para o mundo, a fim de que alguém mais possa utilizá--las.

- **Uma caixa de trânsito**

Para coisas que vão para algum outro lugar na sua casa (para outro cômodo ou para um espaço que ainda não foi criado para elas porque você precisa, primeiro, eliminar a bagunça que está lá).

Até que adquira experiência com isso, você provavelmente também precisará de uma quinta caixa:

- **Uma caixa de dilemas**

Para coisas que você ainda não decidiu se guarda ou se joga fora (há mais informações sobre essa caixa a seguir, neste mesmo capítulo).

À medida que o trabalho progride, você também poderá sentir a necessidade de criar subdivisões na caixa de reciclagem, tais como:

- **Uma caixa de presentes**

Para coisas que você decidiu dar a amigos ou a parentes.

- **Uma caixa de doações**

Para coisas que devem ser doadas a instituições de caridade, bibliotecas, escolas, hospitais etc.

- **Uma caixa de devoluções**

Para coisas a serem devolvidas às pessoas ás quais pertencem.

- **Uma caixa de coisas para vender**

Para coisas que você pode vender ou trocar por algo que queira.

- **Caixas diversas**

Para cada tipo de coisa a ser reciclada (papel, garrafas etc.).

Grande eliminação da bagunça

Comece numa área pequena. Escolha uma área pequena para limpar em primeiro lugar. Uma gaveta ou um pequeno armário são ideais. Proporcione a si mesmo a satisfação de riscá-la da sua lista quando tiver acabado a arrumação.

A maioria das pessoas descobre que se sente muito bem depois de acabar de limpar uma área, e por isso decide arrumar outra, e talvez outra mais. Cada uma das pequenas áreas que você arruma libera energia para você arrumar ainda mais. Faça isso no seu ritmo, fazendo tanto quanto se sinta inspirado a fazer a cada momento. Essa tarefa poderá tomar de você algumas horas, alguns dias, algumas semanas ou alguns meses, dependendo do quanto você tem de arrumar e do seu entusiasmo para fazê-lo. Lembre-se de que a velocidade com a qual as mudanças positivas aparecerão em sua vida está relacionada à satisfação e à determinação com que você elimina sua bagunça.

Depois de ter resolvido algumas das áreas menores, passe para as de tamanho médio e, por fim, para as maiores, mas divida cada área em partes menores, mais fáceis de manejar. Divida os armários em seções e os quartos em áreas definidas. Você poderá trabalhar desse modo em toda sua casa e ganhar confiança à medida que progride.

Não cometa o erro de tirar tudo de dentro do armário, empilhar no meio do cômodo e tentar dar um destino a tudo de uma só vez. Ninguém que estivesse diante de uma quantidade razoável de bagunça jamais achou que isso funcionasse.

Se você já começou a limpeza e pôs toda a bagunça no centro do cômodo, a primeira coisa a fazer é se certificar de que há um espaço para onde possa levar tudo que vai ser descartado. Depois, divida o que restar em pilhas menores, mais fáceis de manejar, e comece a trabalhar nelas, uma por uma.

Fazendo uma triagem de suas coisas

Quando você estiver separando suas coisas, não faça uma pilha de objetos com a intenção de decidir mais tarde para onde eles vão. Pegue um objeto de cada vez e decida na mesma hora o que vai fazer com ele. Você vai mantê-lo ou prefere descartá-lo? Se vai descartá-lo, coloque-o na caixa destinada ao lixo ou na caixa de reciclagem. Se vai mantê-lo, mas ele está precisando de conserto, coloque-o na caixa de reparos. Decida o que vai fazer com cada objeto e coloque-o imediatamente na caixa destinada a ele. A caixa de trânsito é uma grande invenção, pois poupa você de ficar zanzando pela casa enquanto arruma a bagunça de cada cômodo.

No final de cada arrumação, pegue sua caixa de trânsito e distribua o conteúdo dela pelos lugares nos quais você decidiu que cada item vai ficar dali em diante. Se qualquer um desses lugares já estiver atulhado de coisas, porque você não o organizou ainda, os objetos terão que ficar na caixa de trânsito por um tempo, o que não é o ideal, mas por ora pode ser a melhor opção.

Torne divertido todo esse processo. Decida agora que tudo o que toma espaço em sua casa precisa ter um propósito válido para estar ali. Pergunte a si mesmo: "Esta coisa passará no teste da bagunça?"

O teste da bagunça

1) Esse objeto aumenta minha energia quando penso nele ou quando olho para ele?
2) Eu gosto muito dele?
3) Ele é realmente útil?

Se a resposta à pergunta 1 não for um sonoro "sim", e se um sonoro "sim" também não responder à pergunta 2 ou à 3, então o que essa coisa está fazendo em sua vida?

Ele aumenta minha energia quando penso nele ou quando olho para ele?

Reconhecer se você se sente energizado ou não é a parte mais confiável do teste da bagunça. Sua mente e suas emoções podem enganar você e inventar todos os tipos de desculpas, de modo que você se agarra à coisa, mas o seu corpo conhece a verdade e nunca mente.

Eu gosto muito dele?

Se a resposta for sim, pense se ele de fato o inspira ou é apenas "legal". Será que você já não tem uma quantidade suficiente desse tipo de objeto para suas necessidades? Não obstante o quanto eu o adore, será que isso tem associações tristes em minha vida?

Ele é de fato útil?

Se for, quando foi, de fato, a última vez você o usou? Quando, objetivamente, é provável que o use de novo?

A *caixa de dilemas*

Enquanto estiver aprendendo a fazer as escolhas que verdadeiramente aumentam sua energia, você precisará usar a caixa de dilemas. Quando deparar com coisas que você, sem dúvida, sabe que podem ser eliminadas, mas em seu coração ainda não se sente preparado para se desfazer delas, coloque-as na caixa de dilemas e, em seguida, esconda essa caixa no mais profundo e escuro canto de um de seus armários. Especifique em seu diário uma ocasião futura (em um mês, em seis meses ou quando você sentir que seja adequado) para checar essa caixa. Tente se lembrar do que está contido nela antes de abri-la. As chances são as de você ter esquecido, caso em que isso prova a afirmação de que não precisava realmente de nenhuma dessas coisas. Sua vida seguia bem sem elas.

Você pode até pedir a um amigo que abra a caixa para você (escolha o tipo de amigo que não tenha sua própria bagunça para arrumar e considere difícil entender por que alguém teria dificuldade em eliminá-la). Qualquer coisa de que você possa se lembrar e para a qual encontre alguma utilidade, pode ser mantida; todo o resto, seu amigo deve levar embora e dispor daquilo do modo que quiser, e você nunca verá esses objetos outra vez. Se isso parecer muito radical para você, então basta abrir a caixa e rever com cuidado o conteúdo, tendo em mente que você não precisou de nenhum daqueles objetos durante todo o tempo em que estiveram guardados na caixa.

Uma mulher contou-me que estava tão preocupada com o fato de que poderia se lamentar por ter se livrado de algo útil que pôs tudo em três grandes sacos de lixo e dormiu com eles ao lado de sua cama durante três noites. Ela achou que, se houvesse alguma coisa que representasse uma perda para ela, ela se levantaria da cama no meio da noite e vasculharia todos os sacos para recuperá-la. Porém, dormiu tranquilamente todas as noites; na manhã do quarto dia, contente, despejou no lixo o lote todo e se sentiu como se nada tivesse perdido.

A arrumação

Se sua bagunça se configura mais por uma grande variedade de coisas desarrumadas e não necessariamente de coisas que precisem de seleção e descarte, eis uma maneira muito boa de aproveitar este momento da leitura deste livro para iniciar uma grande arrumação em sua casa.

Comece por um dos cantos do cômodo. Apanhe, ao acaso, qualquer objeto que precise ser guardado. Digamos que seja uma camiseta. Comece a repetir para si mesmo, em voz alta, uma espécie de canto rítmico que descreva o que você está fazendo. "Estou apanhando uma camiseta e estou caminhando até o guarda-roupa. Estou abrindo a porta e pendurando-a num cabide." Em seguida, apanhe mais alguns itens no mesmo canto. "Estou apanhando o jornal e atirando-o na lata de lixo. Estou apanhando o livro e colocando-o na estante." E assim por diante.

Todas as suas sentenças precisam ter um ritmo semelhante e ser em duas partes: dá-dá-di-dá-di-dá e dá-dá-di-dá-di-dá. É esse ritmo que o impulsiona e torna a tarefa agradável e alegre. As crianças gostam de fazer a arrumação dessa maneira. Também significa que o seu diálogo mental já está completo; assim, você não fica empacado na sua indecisão usual ou atolado em detalhes. Apenas entre no ritmo e siga com ele. Você começa num canto e prossegue até que todo o espaço esteja arrumado. Com um pouco de prática, você pode até fazer rimas!

Livrando-se por fim da bagunça

Não faça todo esse trabalho para, no fim, fugir do local. Essa é uma parte crucial da eliminação da bagunça!

Lixo

A parte da bagunça que não é usada por ninguém é a mais fácil e a mais rápida de ser descartada. Alugue um contêiner para removê-la, coloque-a num carro ou numa picape e a leve para o depósito de lixo ou coloque-a em sacos de lixo para ser levada pelos lixeiros. Será grande a satisfação que você vai sentir ao se livrar do lixo de sua casa o mais rápido possível.

Reciclagem

A próxima opção mais fácil é a reciclagem, e em muitas partes do mundo é agora tão fácil (e muito mais ecologicamente responsável) livrar-se do lixo reciclável quanto é do lixo orgânico. Uma quantidade surpreendente de coisas pode ser reciclada. Uma rápida busca na internet usando a palavra "reciclar" e o nome do objeto que você está pronto para descartar produz uma grande lista de resultados.

Presentes

Presentes para amigos, parentes, doações para instituições e outras causas beneficentes em geral levam mais tempo para ser descartados. Você poderá ter de esperar até conseguir encontrar um determinado amigo ou passar por uma determinada casa de caridade, escola, biblioteca, hospital etc. Mas, se você escolher a opção "doações", defina uma data (por exemplo, no final deste ou do próximo mês) e faça um acordo com você mesmo de que vai enviar o item para reciclagem ou colocá-lo no lixo se ele ainda não tiver sido doado a ninguém no final do prazo estipulado.

Não me entenda mal. Sou totalmente a favor de doar objetos que não usamos mais para pessoas que vão utilizá-los e apreciá-los, mas, de acordo com minha experiência pessoal, a maior parte dos objetos que vão para as caixas de doações e de presentes nunca chega de fato a sair de sua casa. Até você se tornar um especialista em eliminação da bagunça, pode não ser muito sensato se dar ao luxo de fazer doações.

Simplesmente livre-se da bagunça o quanto antes e da maneira mais consciente possível.

Coisas a serem devolvidas

Essa atividade também pode tomar um certo tempo. Você tem de entrar em contato com as pessoas a quem essas coisas pertencem e pedir, rogar ou insistir para que as retirem de seu espaço. Estabeleça um intervalo de tempo razoável para isso e, se as pessoas não tiverem coletado suas coisas até então, faça-as saber que você se livrará delas da maneira que julgar mais apropriada. Você também pode enviá-las pelo correio ou, então, ficar com elas de uma vez.

Venda

Isso pode levar ainda mais tempo porque você precisa encontrar alguém que esteja disposto a pagar pelo que você não deseja mais. Em geral, esse não é um bom modo de agir na primeira vez que se você se propõe a eliminar a bagunça, a não ser que você encontre alguém que compre o lote todo. Uma excelente ideia é promover uma venda em sua própria garagem. Se você tem poucas coisas para vender, pode usar os sites de venda da internet, como Mercado Livre, OLX e outros.

Coisas a serem trocadas

Essa tarefa é mais difícil ainda, a não ser que você conheça alguém que esteja procurando exatamente o que você tem e tenha exatamente o que você quer. Estabeleça um prazo e, se não conseguir realizar a troca até essa data, concorde em dar um destino definitivo ao objeto:

venda-o, envie-o para uma instituição de caridade, jogue-o no lixo ou qualquer outra coisa.

Consertos, alterações, reformas

Essas atividades podem tomar um tempo mais longo do que todas as outras, e são, de longe, a aposta mais enganadora. São muito grandes as probabilidades de que as coisas permaneçam não consertadas, não alteradas e não reformadas no ano que vem. Ou, na verdade, na próxima década. Fique atento para não manter itens obscuros, que você se convenceu de que algum dia transformará em coisas úteis, e itens que você está mantendo até que obtenha algo que, juntado a eles, os tornará úteis.

A eliminação da bagunça fica mais fácil quanto mais prática você tem

Como acontece quando você aprende qualquer outra coisa no mundo, a eliminação da bagunça é uma habilidade que você desenvolve aos poucos. É como se você precisasse desenvolver seu "músculo" da eliminação da bagunça. Quanto mais prática você adquire, mais habilidoso se torna e mais fácil fica. No entanto, quando você começar, seu músculo da eliminação da bagunça pode estar ainda muito fraco.

Depois de alguns sucessos, quando experimenta o que eu chamo de fator E da eliminação da bagunça, a arrumação deixa de ser uma tarefa árdua e passa a ser um prazer. O "E", nesse caso, significa "exultação" – a sensação alegre de realização que você tem quando termina um trabalho.

Um de meus clientes, que tinha sido um acumulador durante toda sua vida, me contou que passou a gostar tanto de organizar a casa que, às vezes, chega em casa do trabalho, cumprimenta a esposa e os filhos e depois sobe para seu quarto, abre uma gaveta, seleciona algo como um par de meias velhas e, só por prazer, desfaz-se dele! Ele descobriu o fator E.

Para dar um exemplo pessoal, decidi, certa vez, aumentar o percurso de minha caminhada matinal e determinei um local onde queria chegar a partir de então. Cansei-me antes de cumprir meu objetivo, e quase me convenci a desistir. Ignorei a minha tagarelice mental e continuei andando. Um pequeno objetivo, você pode dizer, e aparentemente sem importância, mas a alegria que senti enquanto caminhava de volta para casa foi imensa. Senti-me fantástica, e a sensação durou o dia todo.

É exatamente assim que você se sente quando elimina sua bagunça. Você decide limpar uma gavetinha, faz isso e o sentimento de alegria que sente depois é maravilhoso. Todos os tipos de bloqueio energético são liberados de seu corpo, as falhas nas tentativas anteriores de eliminação da bagunça são superadas e você se sente imbatível.

Na verdade, você pode experimentar esse fator sempre que decide fazer alguma coisa e de fato a faz. Ele não se limita à eliminação da bagunça. O fator E é uma das principais coisas que inspiram as pessoas de sucesso a fazer mais.

Cuide de si mesmo

Minha intenção ao escrever este livro foi tornar os benefícios da eliminação da bagunça tão atraentes que você supere a inércia de mantê-la.

Adote a atitude segundo a qual, ao eliminar a bagunça, você estará cuidando de si mesmo. Mais tarde, quando tiver experimentado os benefícios dessa atitude, você vai querer cuidar de si mesmo com mais frequência. Como me disse uma mulher: "Eu nunca tinha entendido que era tão prazeroso se livrar de coisas materiais quanto adquiri-las!"

Lembre-se de que você não precisa sonhar com a perfeição. Almeje apenas livrar-se da bagunça que está obstruindo seu espaço e, então, siga em frente com sua vida.

É seguro desfazer-me disto

Afirme para si mesmo enquanto arruma e dá ordem a suas coisas: "É seguro desfazer-me disto". A eliminação da bagunça consiste em se desfazer das coisas e a confiar que a vida lhe trará aquilo de que você precisa, quando precisar. Qualquer coisa que você esteja guardando "apenas por precaução", está conservando por causa do medo.

Se você tem muita bagunça em casa, poderá precisar passar por ela várias vezes antes de se sentir preparado para se desfazer de algumas coisas. Em certos casos, pode levar todo um ano ou mais até que você, finalmente, admita para si mesmo que aquelas coisas não foram úteis para coisa alguma!

Sete dicas de eliminação da bagunça

Para concluir este capítulo, eis sete dicas testadas e comprovadas para eliminar a bagunça com eficácia.

1) Descubra qual a hora do dia mais eficaz para eliminar a bagunça

A maioria das pessoas tem um horário favorito para se dedicar à eliminação da bagunça. O meu é na parte da manhã. Algumas pessoas gostam de arrumar a bagunça durante a noite. Descubra quando você tem mais facilidade para tomar decisões e faça sua arrumação nesse horário.

2) Reserve em sua agenda uma data para a arrumação da bagunça

Decida agora quando você vai começar e programe isso em sua agenda, como faria com qualquer outro compromisso. Combine uma data com você mesmo e cumpra-a. Pode ser um dia inteiro, vários dias diferentes ou apenas meia hora; tudo depende do seu ritmo.

3) Estabeleça um prazo máximo para cada tarefa

É um fato bem conhecido que todas as tarefas se prolongam até ocupar todo o tempo previsto; portanto, se você disser a si mesmo que vai dar um jeito em sua bagunça até que não reste absolutamente nada fora do lugar, não fique surpreso se isso levar uma eternidade. Determine um prazo máximo para cada tarefa. Divida cada tarefa em partes, decida quanto tempo vai levar para concluir cada uma delas e, então, programe seu *timer*. Trabalhe contra o relógio para cumprir cada parte da tarefa no tempo que você definiu.

Você também pode usar essa técnica para realizar outros tipos de tarefa. Por exemplo, se você está fazendo um trabalho no computador, saiba que existem alguns bons programas temporizadores para você controlar o tempo. Em vez de um som de alarme chato, você pode configurá-lo para tocar com uma música que você tenha gravada em seu computador. Eu revisei e atualizei a maior parte deste livro estabelecendo prazos de sessenta minutos.

Se você é o tipo de pessoa que adia as coisas até o último minuto porque gosta da adrenalina, vai adorar essa técnica. Com ela você não terá que esperar o fim de um prazo muito longo, mas poderá adequá-lo muitas vezes ao dia. No entanto, eu tenho que avisá-lo: com a prática, você será capaz de terminar suas tarefas no tempo estabelecido sem usar o relógio, e começará a se acostumar a terminar suas tarefas dentro do prazo. Portanto, só use essa técnica se o resto de sua vida for interessante o suficiente para não precisar de surtos de adrenalina (seus rins vão agradecer por isso e se manterão saudáveis por muito mais tempo).

4) Coloque para tocar uma música animada

Use alto-falantes externos (não fones de ouvido) e aumente o som o suficiente para fazer seu corpo querer acompanhar o ritmo. Para melhores resultados, defina o aparelho de som para repetição automática, de modo que ele continue tocando sem que você precise apertar nenhum botão. A maioria das pessoas consegue prolongar de duas a três vezes mais o tempo da arrumação se estiver ouvindo a música certa. Evite CDs que alternem músicas rápidas e lentas; as baladas farão com que você perca o pique. Se você tem uma grande desordem para arrumar, uma boa ideia é fazer uma seleção de músicas especialmente para essa finalidade. Mas não deixe que isso seja mais uma desculpa para adiar ainda mais o início da arrumação!

5) *Use algo vermelho*

Assim como sapatos de dança vermelhos fazem seus pés se sentirem em movimento, roupas vermelhas fazem você se sentir em ação. Se você não tem nada vermelho, então use cores quentes (laranja, amarelo etc.), em vez de frias, azul e verde. Muitas pessoas mantêm a desordem como uma forma de se reconfortar. Cores quentes são emocionalmente reconfortantes, então usá-las enquanto faz a triagem de sua bagunça tornará mais fácil o processo de se desapegar das coisas.

6) *Não use preto ou cinza*

O preto atrai vibrações de nível inferior e logo você se sentirá cansado quando estiver eliminando a bagunça. O cinza também não é uma cor muito boa nesse caso, porque pode deixá-lo indeciso quanto ao que guardar e o que descartar.

7) *Dê a si mesmo uma recompensa por um trabalho bem feito*

É da natureza humana buscar gratificação; por isso, se você se recompensar de alguma forma depois que tiver acabado com sua bagunça, uma parte de você vai se lembrar dessa recompensa e ficará mais inclinada a querer arrumar a bagunça novamente no futuro.

Prometa a si mesmo que, quando o trabalho estiver concluído, você vai se recompensar com uma massagem, um cineminha, um encontro com um amigo ou outro mimo qualquer que for possível, acessível e significativo para você.

17.

Bagunça no uso do tempo

Várias pessoas se sentem muito inspiradas a eliminar sua bagunça após ler este livro, mas depois descobrem que são muito ocupadas para colocar o que aprenderam em prática.

Vivemos na correria, num mundo onde parece haver cada vez menos tempo. Como Benjamin Hoff descreve de forma tão eloquente em *The Tao of Pooh*:

> *"Se todas as máquinas e utensílios que mantemos ao nosso redor realmente economizassem tempo, haveria mais tempo disponível para nós hoje do que em qualquer outra época da história. Mas, curiosamente, parece que temos ainda menos tempo do que alguns anos atrás. É de fato muito divertido ir a algum lugar em que não haja eletricidade, porque, quando faz isso, você acha que tem tempo de sobra. Em outros lugares, você está muito ocupado trabalhando para pagar as máquinas que o ajudam a poupar tempo, de modo que não tenha que trabalhar tanto".*

Os físicos nem sequer têm certeza de que o tempo existe. Eles dizem que a passagem do tempo pode ser apenas a maneira como nós o percebemos, e que o próprio tempo pode ser uma ilusão, uma questão de perspectiva. Mas certamente parece bem real para nós, e aprender a lidar com ele de maneira eficiente é uma parte importante do processo de eliminação da bagunça.

Priorização

O primeiro e mais importante passo para combater a bagunça no uso de seu tempo é a priorização. Você precisa estabelecer prioridades e organizar sua vida em torno delas, e não o contrário. A maioria das pessoas agenda tudo primeiro e depois tenta encaixar a própria vida nas brechas entre os compromissos. Essa é uma receita infalível para chegar ao fim da vida com a impressão de que você nem percebeu o que era mais importante para você nem reservou tempo para isso.

A priorização requer um nível de introspecção profundo, o que as pessoas geralmente encaram como um grande desafio, mas que na verdade não é tão difícil assim. De acordo com a minha experiência trabalhando com pessoas por anos a fio, a lista de prioridades não varia muito de pessoa para pessoa. É uma questão de descobrir o que é importante para você, tendo em mente que as prioridades mudam à medida que você vai passando pelas diferentes fases da vida. A definição de suas prioridades permite que você tenha uma visão panorâmica da vida e não se perca em detalhes do dia a dia.

Como estabelecer prioridades

Então, se eu lhe perguntasse agora quais são as cinco coisas mais importantes de sua vida, sem as quais nada mais adiantaria, o que você responderia?

Talvez você respondesse no mesmo instante que a sua saúde e boa forma física são as coisas mais importantes, porque sem elas seria difícil fazer qualquer outra coisa. Certamente, se você algum dia sofreu de uma doença crônica, teve algum tipo de problema de saúde ou viu alguém próximo enfrentar uma situação dessas, vai estar ainda mais consciente do quanto é importante ter boa saúde.

Ou talvez você dissesse que valoriza os relacionamentos mais do que qualquer outra coisa – sua família, seus amigos ou um relacionamento íntimo que você cultiva.

Ou sua carreira. Para algumas pessoas, ela está no topo da lista, enquanto os relacionamentos, a saúde e todos os outros aspectos da vida estão em segundo plano.

Como você está lendo este livro, é provável que esteja numa fase da vida em que ter um ambiente doméstico ou profissional que o apoie e aconchegue seja uma grande prioridade.

Ou talvez, para você, a coisa mais importante do mundo seja ganhar dinheiro, ter liberdade financeira, viajar, viver aventuras, estudar, dedicar-se a uma atividade que você adora ou algo que eu não tenha citado aqui. O que importa é que você encontre o que alimenta sua vontade de viver, seu entusiasmo, sua paixão pela vida. Suas prioridades vão surgir a partir disso.

Note que eu deixei a felicidade fora da lista. A razão é que, para cada pessoa, a felicidade significa uma coisa. Uma prova disso são as respostas dadas por um grupo selecionado para fazer um teste psicológico (Emmons e McCullough, 2003) quando perguntaram: "Qual é, a seu ver, a maior bênção de sua vida?". As respostas variavam desde "um corpo saudável", até "minha mãe" ou "os aplicativos de mensagens instantâneas".

Talvez todas as prioridades que listei até agora sejam luxos, pois o mais importante para você agora é ter o suficiente para se alimentar, algumas roupas para mantê-lo aquecido e um teto seguro para abrigar-se. Até que você possa atender às necessidades básicas da vida, todas as outras prioridades estarão em segundo lugar.

Mas, como já mencionei, talvez você dissesse que nem mesmo essas coisas são as mais importantes. Alimentação, moradia, saúde, entes queridos, dinheiro e tudo o mais pode acabar um dia, mas, apesar de todas as adversidades, o espírito de uma pessoa permanece. Cultivar uma prática espiritual pode, portanto, ser a maior prioridade de todas.

A priorização como prática diária

A priorização é um poderoso recurso para elucidar e simplificar sua vida. Isso é belamente ilustrado por uma história sobre Charles Schwab, o presidente da empresa americana Bethlehem Steel Company, na década de 1930. Certa vez, ele empregou um consultor de gestão, Ivy Lee, para ficar ao lado dele durante duas semanas e depois aconselhá-lo sobre como ele poderia melhorar seu negócio. O relatório de Lee resumiu-se a apenas três recomendações:

1) Faça todos os dias uma lista de "coisas a fazer".
2) Dê prioridade a tudo o que estiver nessa lista.

3) Resolva as coisas seguindo uma ordem decrescente de resultado.

"Não me pague agora", disse Ivy Lee, sabendo que esse conselho sucinto era bem diferente dos habituais relatórios de centenas de páginas que Schwab recebia. "Basta colocar meu conselho em prática por um mês e então você me paga de acordo com a utilidade que ele teve para você". A história diz que, um mês depois, Schwab enviou a Ivy Lee um cheque de 25 mil dólares, uma soma altíssima naquela época. A empresa dele passou a ser a maior produtora independente de aço do mundo, e muitos anos depois Schwab declarou que esse foi o melhor conselho corporativo que ele já recebeu.

Seja você um executivo de um milhão de dólares ou uma humilde dona de casa, esse conselho é igualmente valioso. Experimente-o por um mês e constate por si mesmo!

O pote está cheio?

Para ajudá-lo a descobrir quais são suas prioridades, eis uma de minhas histórias favoritas, que dizem proceder de uma palestra sobre prioridades dada pelo vice-almirante H. Johnson, o diretor-geral da guarda costeira indiana no final de 1980.

Para ilustrar melhor sua palestra, ele levou com ele um pote de vidro transparente e começou a enchê-lo de pedras.

Tendo feito isso, perguntou à audiência:

"O pote está cheio?"

"Sim, claro!", responderam, depois que ficou evidente que não caberia mais nenhuma pedra ali dentro.

Ele então pegou um punhado de seixos e jogou-os dentro do pote, preenchendo as lacunas entre as pedras maiores. Mais uma vez ele perguntou:

"O pote está cheio?"

"Agora está", todos concordaram.

Em seguida ele pegou um saquinho de areia e despejou dentro do pote, preenchendo todos os espaços entre as pedras e os seixos.

"O pote está cheio agora?"

Por fim, ele concordou que estava cheio e explicou que o pote é uma metáfora da vida. Se você enchê-lo primeiro com areia (os pequenos detalhes), não vai haver espaço para os seixos (questões importantes). Do mesmo modo, se você primeiro encher o frasco com os seixos, não vai haver espaço para as pedras maiores (suas prioridades). A vida só funciona se você estabelecer suas prioridades primeiro e depois encaixar o resto em torno delas.

No caso de você estar interessado, as prioridades do vice-almirante eram a saúde e a integridade. E se quiser levar essa metáfora até um estágio mais avançado, você pode derramar uma xícara de água dentro do pote no final, uma analogia à agitação da vida diária com que tudo está impregnado!

Vá fundo nisso

Então, mais uma vez, quais são as suas prioridades? Sério, não passe esta página sem antes pensar sobre isso. Pare de ler este livro agora e faça uma lista das suas próprias prioridades, por ordem de importância:

1)
2)
3)
4)
5)

Se este livro tiver futuras edições eletrônicas, eu pretendo adaptá-lo para que o resto do texto desapareça até que o leitor tenha concluído este exercício, mas essa técnica não é possível com livros impressos. Por ora vou ter que apelar para sua sabedoria maior e esperar que ela o faça concluir sua lista antes de continuar. Se você acabou de ler este parágrafo sem fazer o exercício, volte e faça!

Escolhas

Saber quais são suas prioridades é a única maneira de encontrar um meio de eliminar a desorganização no uso do tempo. Sem isso, como você vai saber quando dizer "sim" e quando dizer "não"? A vida é uma série infinita de escolhas, e ter prioridades bem-definidas vai ajudar você a navegar através delas, em vez de flutuar sem rumo ou deixar que as coisas simplesmente aconteçam a você.

A maioria das pessoas vive tão ocupada que, mesmo se quisesse, não conseguiria encaixar nem mais um compromisso em sua agenda. Portanto, esqueça essa ideia de administração do tempo. Isso deixou de funcionar desde que a era eletrônica teve início. Você nunca vai ter tempo suficiente para fazer todas as coisas que precisa ou quer fazer. Sua única esperança é aprender a ser seletivo, o que significa, muito simplesmente, priorizar as coisas por ordem de importância e aprender a dizer "não" para tudo com que não vale a pena perder tempo.

Descubra as coisas que você de fato gosta de fazer e as inclua em sua agenda, dando prioridade a elas. Não deixe que seu carrasco mental domine sua vida. Esses prazeres fazem o seu espírito prosperar e, se você apenas trabalhar, trabalhar, trabalhar, sem nunca ter tempo para si mesmo, ou passar todo o seu tempo cuidando de outras pessoas sem tempo para cuidar de si, muito em breve seu entusiasmo pela vida começará a minguar até morrer. Os primeiros sinais disso são fadiga geral e saúde debilitada. Ao planejar o ano, mês, semana ou dia, agende as atividades que são importantes para você, encarando-as como prioridade máxima, e depois encaixe o resto em torno disso.

Isso também está muito de acordo com o princípio de Pareto que mencionei no Capítulo 9 (80% de nossos resultados advêm de 20% de nossos esforços). A deliciosa implicação disso, se for verdade (e é), é que você não tem que fazer quatro quintos de todas as coisas que você acha que tem.

Priorize por ordem de importância

Nesta altura do livro, quero lhe apresentar um conceito que eu ensino a todas as pessoas que querem aprender sobre a limpeza do espaço e a eliminação da bagunça. É algo chamado TDZP, e soa melhor quando pronunciado do jeito americano: *tee dee zee pee*. Significa em inglês "Top Down, Zero Procrastination", ou seja, "priorize por ordem de importância e nada de adiamentos".

A parte do TD (*top down*, ou "priorize por ordem de importância") consiste no que eu venho falando até aqui. Viver a vida com essa perspectiva dá a você uma visão mais ampla. Você posiciona sua consciência, de modo que esteja sempre procurando saber como investir seu tempo da maneira mais sábia e com maior integridade. Você vê o quadro maior de cima para baixo, e não por meio de uma visão míope e estreita, de baixo para cima. Sem essa abordagem Top Down você tenderá a escolher o caminho da gratificação mais rápida e fácil, em vez do caminho que favorece suas mais altas prioridades.

O ZP (zero procrastination, ou "nada de adiamentos") refere-se à ação imediata que você empreende para se assegurar de que as prioridades de sua vida se cumpram na vida real e não sejam apenas sonhos acalentados. O ZP precisa se tornar um modo de vida. Toda vez que você se pegar adiando alguma coisa, precisa se lembrar do ponto de vista Top Down e motivar-se a entrar em ação.

Procrastinação

As pessoas bem-sucedidas vivem adiando as coisas? Claro que não! As pessoas bem-sucedidas fazem o que precisa ser feito, quando precisa ser feito. Elas não procrastinam.

Por que as pessoas vivem adiando as coisas?

Muitos estudos têm sido feitos sobre esse tema ao longo dos anos. Uma escola de pensamento diz que a principal razão que leva as pessoas a ficar adiando as coisas é o fato de temerem tanto o fracasso que nem querem começar. Outros estudos concluem que as pessoas demoram para começar a fazer as coisas por um ato de rebeldia, porque sentem que a tarefa é chata ou desagradável, ou porque ela não traz uma compensação imediata. Se você conseguir identificar quais dessas razões têm mais a ver com você e atentar para isso, seu hábito de procrastinar está com os dias contados.

Existem também as pessoas que não têm dificuldade para começar coisas, mas se distraem facilmente, por isso demoram a terminá-las. Uma hilariante versão disso é o que se chamou de "tosqueando o iaque", uma expressão cunhada pelo programador de computadores Carlin Vieri e que ficou famosa por causa do blogueiro Seth Godin. "Tosqueando o iaque" é uma expressão que se refere a "qualquer série de tarefas que tem de ser concluída antes que você possa fazer o que pretendia fazer antes".

Ele dá como exemplo o dia em que queria encerar o carro, mas, para fazer isso, primeiro tinha de comprar uma nova mangueira para lavá-lo, mas para isso ele primeiro precisava emprestar o "Sem Parar" do vizinho para atravessar uma ponte com pedágio e chegar à loja de mangueiras, mas, para fazer isso, ele precisava primeiro repor o enchimento do travesseiro de pelo de iaque que o filho dele tinha emprestado do vizinho. Então ele acabou no zoológico tosquiando um iaque!

Eis um exemplo que quase aconteceu comigo enquanto eu escrevia este novo capítulo em minha casa em Bali:

"Quero terminar de escrever este capítulo. Para fazer isso, eu preciso pesquisar na internet sobre o blog de Seth, 'Não tosqueie este iaque!', para que eu possa citar o exemplo dele.

"Ah, mas a minha banda larga não está funcionando hoje, então vou ter de usar o acesso discado.

"Hmmm... a linha de telefone está muda. Os ratos devem ter mastigado os fios telefônicos novamente.

"Ai, Deus, a escada de bambu que eu preciso para escalar a parede do jardim e verificar os fios está quebrada."

Só sei que saí do computador, coloquei a escada de bambu no carro e passei a manhã toda na oficina de conserto de escadas.

Ciente dos perigos de "tosquiar o iaque", é claro que eu não fiz isso. Usei o telefone de meu vizinho para chamar a empresa de telefonia e consertar a banda larga, enviei o meu jardineiro até a oficina de escadas, deixei este parágrafo para mais tarde e continuei a escrever.

Como superar o hábito de adiar as coisas

De acordo com a minha própria observação, o que está na raiz da procrastinação é o fato de que tudo se resume à força de vontade. Simplificando, as pessoas com força de vontade fazem as coisas e as pessoas que não têm força de vontade, não.

E como você passa a ter força de vontade? Bem, essa é uma daquelas perguntas de um milhão de dólares que não têm uma resposta única, muito menos simples. A força de vontade tem de ser cultivada, mil vezes por dia e um pouco de cada vez. Comece devagar e vá progredindo até ser capaz de atos grandiosos que exijam muita força de vontade, algo que com certeza terá uma grande repercussão em todos os aspectos de sua vida. Se isso é o que você quer, um excelente ponto de partida seria um maravilhoso livrinho intitulado *Eat that Frog!* [Engula esse sapo!], de Brian Tracy, cujo subtítulo é *21 Great Ways to Stop Procrastinating and Get More Done in Less Time* [21 grandes maneiras de parar de procrastinar e fazer mais em menos tempo].

Tracy explica:

"Por muitos anos ouviu-se dizer que, se a primeira coisa que você fizer todas as manhãs for comer um sapo vivo, então poderá enfrentar seu dia com satisfação por saber que essa é provavelmente a pior coisa que vai lhe acontecer ao longo de todo esse dia".

E ele acrescenta:

"Também se dizia que 'Se você tiver que comer dois sapos, coma o mais feio primeiro' e "Se tiver que comer um sapo vivo, é melhor não se sentar e ficar olhando para ele por muito tempo'".

É claro que o livro não é realmente sobre comer sapos. Eles são apenas uma metáfora para as tarefas mais difíceis. Mas as imagens vívidas que comer um sapo vivo evocam, por algum motivo, funcionam muito bem.

Na minha definição de bagunça (ver Capítulo 4), a procrastinação cai na categoria de "qualquer coisa inacabada", e como outras formas de bagunça mais tangíveis, o efeito sobre sua energia é devastador. Quando você por fim se coloca em movimento e começa a fazer as coisas, grandes reservatórios de energia são desbloqueados. Você descobre que, na verdade, gasta mais energia NÃO fazendo algo do que usando sua força de vontade, arregaçando as mangas e pondo a mão na massa.

Usemos como exemplo a correspondência. Você tem cartas ou e-mails que tem a intenção de escrever, mas nunca arranja tempo? Toda vez que pensa nisso e não faz, seus níveis de vitalidade caem. Quanto mais você adia, mais difícil fica escrever a carta ou enviar o e-mail. Se você simplesmente se sentar e reservar um tempo para colocar seus e-mails em dia, vai liberar enormes quantidades de energia para outros fins. O mesmo vale para tudo que você adia em sua vida.

Interrupções

A procrastinação existe há muito tempo, mas um novo aspecto de bagunça no uso do tempo com que temos que lidar nos dias de hoje é o bombardeio constante de interrupções a que estamos sujeitos em nosso mundo acelerado. Telefonemas, mensagens de texto, e-mails, prazos curtos que exigem multitarefas e o fluxo constante de interrupções de colegas de trabalho na maioria dos ambientes profissionais significam que vivemos sob estresse constante para equilibrar todas essas coisas.

Estudos conduzidos por Gloria Mark, professora de Informática da Universidade de Irvine, Califórnia, por exemplo, mostraram que os profissionais de TI têm a sorte de ter três minutos ininterruptos para completar qualquer tarefa. Ela também descobriu que é preciso uma média de 25 minutos e duas tarefas nesse intervalo de tempo, para que os funcionários voltem ao que estavam fazendo antes de serem interrompidos, e cerca de 25% das tarefas não são retomadas no mesmo dia, se é que um dia são.

As interrupções causam uma dissonância em nossa energia que pode ser desgastante e debilitante. Algumas pessoas lidam com isso melhor do que outras, mas o ataque continuado a nossos sentidos afeta nossa vitalidade, nossa saúde e nosso bem-estar.

Um experimento (Lefcourt, 1976) no qual dois grupos de pessoas receberam quebra-cabeças complicados e uma revisão para fazer enquanto estavam sendo submetidas a um ruído irritante lança alguma luz sobre a razão por que as interrupções são um problema. Um grupo tinha um botão que lhes permitia desligar o ruído; o outro grupo, não. Como era de esperar, o grupo com o controle do botão completou cinco vezes mais quebra-cabeças e fez um trabalho muito melhor de revisão do que o grupo que teve que aturar o barulho. Mas muito surpreendentemente, o grupo com o botão nunca chegou a pressioná-lo! Como Howard Bloom comentou em seu livro *The Lucifer Principle*, não foi o ruído ou a falta dele que afetou o desempenho de um dos grupos; foi a simples ideia de que, se quisessem, eles poderiam desligá-lo.

Meu marido, Richard, e eu gostamos de trabalhar juntos em casa, geralmente em projetos diferentes. Percebendo o quanto é irritante e pouco produtivo ser interrompido o tempo todo pelo outro, desenvolvemos um protocolo que resolve isso. Em vez de fazer perguntas ou comentários ao bel-prazer, primeiro perguntamos: "Posso interromper?". É impressionante a diferença que isso faz. Ao dar o controle para a pessoa dizer se pode ou não ser interrompida, todo o efeito dissonante diminui radicalmente. Podemos dizer um ao outro, "sim", "agora não" ou "espere um minuto" e assim por diante. E se algo é tão importante que um de nós tem de interromper o outro com urgência, descobrimos que um breve pedido de desculpas antes de fazer isso ("Desculpe, mas eu precisava saber agora...") ameniza as coisas também. Em vez de nos sentirmos exaustos, conseguimos encarar melhor as interrupções. Estudos realizados no laboratório de mídia do MIT, em Boston, descobriram que as interrupções educadas feitas por computadores são do mesmo modo consideradas menos intrusivas.

Adaptar isso à agitação de um ambiente de trabalho corporativo pode ser complicado, mas com certeza é possível. Desenvolva um sistema que permita aos colegas saber quando você está trabalhando em algo importante e não deseja ser interrompido (por exemplo, fechar a porta do escritório, colocar uma cadeira na porta ou pendurar uma plaquinha de "não perturbe"). Deixe claro quando você estará disponível e faça o mesmo com os e-mails e as chamadas de voz (uso a ferramenta de resposta automática e mensagens de voz para informar as pessoas). Forneça uma rota de emergência para as pessoas terem acesso a você quando for absolutamente necessário e você vai perceber que a maioria delas vai se adaptar a suas regras.

Ao planejar suas interrupções, em vez de ser o tempo todo bombardeado sem nenhum controle, sua produtividade e satisfação no trabalho vão aumentar e seu sistema imunológico não ficará sobrecarregado. Em experimentos de laboratório, animais com possibilidade de controlar seu ambiente vivem mais, têm maior contagem de anticorpos e menos úlceras. A escolha é sua.

18.

Fique livre da bagunça

Um homem enviou-me um e-mail para me dizer o seguinte:

"Estou ocupado eliminando minha bagunça. Agora, vejo mais bagunça do que nunca. Estou rindo sozinho. Procuro algo numa gaveta e vejo a confusão. Paro e faço uma boa limpeza na gaveta. Sinto-me melhor depois que cada projeto é realizado".

Algumas semanas depois, tornou a enviar-me um e-mail:

"Voltei para casa de uma viagem para praticar esqui, na noite passada, e tinha quatro sacolas de coisas. Antes de sair esta manhã, tudo precisou ser organizado, porque estava me deixando louco ver tanta bagunça".

Esse homem, definitivamente, tinha integrado a eliminação da bagunça em sua vida! O truque para se manter assim é mudar o hábito de acumular coisas.

Um lugar para cada coisa e cada coisa em seu lugar

Lembro-me de ter lido certa vez a respeito de uma família árabe muito rica que viajava regularmente entre quatro diferentes metrópoles de seu país. O marido viajava para cuidar dos negócios e toda a família o acompanhava. Julgando que era muito desorientador estar sempre em trânsito, ele usou sua riqueza para construir uma mansão idêntica em cada uma das quatro localidades e, além disso, cada casa era decorada e mobiliada exatamente da mesma maneira. E não apenas isso, pois, quando qualquer membro da família saía para comprar roupas, eles compravam quatro exemplares de cada peça, sendo cada um remetido a cada uma das diferentes casas, para ser pendurado no mesmo lugar, em cada um dos quatro guarda-roupas idênticos. Desse modo, em qualquer lugar onde estivessem, em qualquer ocasião em que alguém abrisse o guarda-roupa, o que via era sempre a mesma coisa.

Sendo eu mesma uma viajante constante entre vários destinos, fiquei fascinada com essa descrição. Uma casa ordenada significa uma mente em ordem. Qualquer que seja sua situação pessoal, é importante ser organizado, de tal modo que o nível mundano de sua vida seja uma sustentação para você.

Como se organizar

Uma das cenas mais divertidas do mundo é a de uma pessoa míope à caça de seus óculos! Depois que você eliminou a bagunça de cima das mesas, eles serão, é claro, muito mais fáceis de localizar, mas seria realmente fácil para você se os guardasse num lugar que fosse apenas deles. Faça o mesmo com as chaves, a carteira, os chinelos e quaisquer outros itens que você vive procurando.

Eis algumas outras sugestões para tornar a vida mais simples:

- Guarde coisas semelhantes no mesmo lugar.
- Conserve as coisas perto de onde você irá usá-las (por exemplo, armazene os seus vasos perto do lugar onde você faz seus arranjos de flores).
- Coloque as coisas que você usa mais frequentemente nos lugares de mais fácil acesso.
- Facilite para que as coisas sejam colocadas nos lugares a que pertencem; assim elas não ficarão desorganizadas ou fora do lugar.
- Coloque rótulos nas caixas para saber o que colocou dentro delas.
- Arrume as roupas no guarda-roupa de acordo com a cor (dessa maneira, elas também ficam mais atraentes).

Compre um fichário e use-o

Vivemos na era da informação, mas, a menos que você tenha digitalizado todos os seus documentos, vai precisar de um lugar para manter papéis importantes relativos a sua casa ou a seus negócios. A melhor maneira de se resolver isso é comprar um fichário. Alguns fichários modernos são muito práticos. Você pode armazenar juntos, em pastas, papéis que pertençam a um mesmo assunto e encontrá-los com muito mais facilidade do que se os mantiver amontoados numa pilha. Crie diferentes categorias e dê a elas nomes que lhe agrade. Por exemplo, você preferiria arquivar um documento na "Pasta de poupança pessoal" ou na pasta "Fundo das viagens dos sonhos"?

Se você tiver um papel que precisa ser guardado e você não conseguir decidir em qual dos seus arquivos irá colocá-lo, não o deixe na pilha dos que ainda não foram classificados — estabeleça uma nova categoria e crie um novo arquivo para ele. Arquivos que se tornam grandes demais precisam ser divididos em arquivos menores, ou alguns documentos inúteis precisam ser descartados. Arquivos que permanecem pequenos são redundantes ou precisam ser integrados a arquivos maiores. Pelo menos uma vez por ano, avalie seu fichário e jogue fora tudo o que não seja mais relevante.

Armazenando coisas

O propósito do espaço para armazenamento é ter onde colocar coisas que não estão em uso. Um bom exemplo são os enfeites de Natal, usados apenas uma vez por ano. Roupas de inverno podem ser armazenadas durante os meses de verão e vice-versa. Há coisas como equipamentos para camping, que também são usadas apenas uma vez por ano. Não armazene coisas em demasia, amontoando-as indefinidamente num lugar sem jamais usá-las. É assim que a energia começa a estagnar.

Há certas coisas que você é obrigado a manter durante algum tempo, tais como recibos de impostos e boletos bancários. Informe-se sobre exigências das leis de seu país em relação a eles. Se o prazo for, digamos, de cinco anos, arquive seus documentos separados por ano, de modo que, quando chegarem os impostos do novo ano, você possa localizar facilmente os registros de seis anos atrás e destruí-los. Em sua maioria, as pessoas acham essa medida muito prática!

Acabe com a desordem antes que ela comece

Você pode poupar boa parte do trabalho de eliminação da bagunça adotando estes novos hábitos:

- Pense duas vezes antes de comprar. Decida, antes de comprar alguma coisa, onde você irá mantê-la e para que irá usá-la. Se a resposta para qualquer dessas perguntas for vaga, então você está em vias de comprar um trambolho. Desista.
- Esvazie todos os dias o lixo de sua casa, seja no final de cada dia, seja logo de manhã, como achar melhor. E certifique-se de que você tenha um número suficiente de cestos de lixo a seu redor, de modo que, quando quiser jogar qualquer coisa no lixo, você possa fazê-lo; eles devem ser grandes o suficiente para que não se encham rapidamente e você não hesite em atirar algo neles.
- Nunca deixe alguma coisa em algum lugar "por enquanto". Fazer isso significa que está planejando voltar mais tarde para colocá-lo no lugar apropriado. Adquira o hábito de colocá-lo diretamente no lugar.
- Se você sabe que tem tendência para comprar coisas demais, adote uma nova regra: "Quando alguma coisa nova entra em sua casa ou escritório, alguma coisa velha sai". Pelo menos, sua bagunça, mesmo que não esteja diminuindo, não será sempre a mesma!

Contrate um profissional para ajudá-lo

Escrevo meus livros para ensinar às pessoas como arrumar suas bagunças sozinhas, mas talvez você tenha tanta bagunça em casa que de fato precise de ajuda profissional para começar essa organização e prosseguir. Existem em alguns países "organizadores profissionais" que você pode contratar para ajudá-lo a arrumar e organizar suas coisas.

Os profissionais de limpeza do espaço que eu treino são, também, consultores de eliminação da bagunça. Eles são capazes de sentir com as mãos as impressões energéticas impregnadas na bagunça e descobrir por que você está guardando tantos objetos. A menos que você perceba isso, pode até arrumar e organizar suas coisas, mas é quase certo que vai começar a amontoá-las de novo.

Em seguida, esses profissionais realizam uma cerimônia de limpeza do espaço para eliminar antigas impressões e energia estagnada que se acumularam em torno da bagunça. Então, fica tão óbvio que é preciso fazer uma boa limpeza e tão mais fácil executá-la que parece até que a bagunça pode sair pela porta por conta própria. Eles também vão ajudá-lo a desenvolver um plano para se certificar de que **você real**mente vai realizar o trabalho que precisa ser feito.

19.

Mudança de perspectiva

Um dos maiores obstáculos à eliminação da bagunça é o apego excessivo a coisas que deveriam ser descartadas. Mas, como este capítulo irá mostrar, tudo é uma questão de ponto de vista.

Por que é tão importante mudar de perspectiva

Um jornalista me entrevistou pouco tempo atrás e ficamos conversando sobre todos os programas de TV que surgiram pelo mundo por conta deste livro. Um formato típico desses programas é encontrarem alguém com uma casa incrivelmente bagunçada, arrastarem todos os bens da pessoa para o gramado na frente da casa e filmá-la enquanto ela tem um surto emocional, ao ver toda aquela tralha sendo jogada no lixo, para nunca mais ser vista outra vez.

O que eles não mostram é o que acontece com essas pessoas depois disso. Não mostram que a maioria delas fica traumatizada e começa a acumular objetos novamente para preencher o vazio emocional deixado pela angústia de ver todas as suas coisas lhes sendo arrancadas sem dó nem piedade.

Eu não acredito que essa seja a melhor maneira de ajudar um acumulador e nunca foi minha intenção, quando publiquei a primeira edição deste livro, inspirar esse tipo de espetáculo televisionado.

A melhor maneira de ajudar pessoas que têm dificuldade para eliminar a bagunça é levá-las a mudar sua maneira de ver as coisas. Elas guardam os objetos porque acreditam que precisarão deles. Mostre-lhes como mudar de perspectiva e as crenças delas a esse respeito podem mudar também.

Uma nova perspectiva

As coisas que mantemos a nossa volta refletem quem somos. Uma das maneiras mais rápidas de adquirir uma nova perspectiva na vida é dar uma boa olhada em tudo que temos em casa, como se não conhecêssemos a pessoa que mora ali. Melhor ainda seria tirar fotos de cada cômodo e analisar cada um deles isoladamente, pois isso nos daria mais objetividade.

O que você concluiria sobre a pessoa que mora nessa casa? Ela é o tipo de pessoa que você gostaria de conhecer? Ou é o tipo de pessoa que você gostaria de ser?

Depois disso, ficará muito mais fácil detectar o que você gostaria de manter e o que precisa ser descartado.

Olhar com novos olhos

Começando por qualquer cômodo da casa, passe a olhar para ela com novos olhos. Quais objetos não combinam com a sua vida atual ou com a vida que você quer ter?

Talvez você tenha alguns móveis que não usa mais ou de que deixou de gostar. Talvez tenha alguns objetos decorativos que combinavam perfeitamente com a sua vida quando você os trouxe para casa, mas agora você é uma pessoa diferente e eles não combinam mais. E o que dizer das suas roupas? Livre-se daquelas que não aprecia mais ou que já deixou de usar. Olhe as suas estantes. Retire os livros que já não lhe parecem mais interessantes. Repasse tudo o que você possui, descartando os itens que não servem mais.

Chegando em casa depois de uma viagem

É ainda mais fácil conseguir essa nova perspectiva nos primeiros dias que você passa em casa depois de voltar de uma viagem, especialmente se tiver se afastado por pelo menos algumas semanas, e mais ainda se tiver ido para o exterior e passado algum tempo numa cultura diferente. Nessas ocasiões, você passa a ver sua casa sob uma nova luz. Coisas que contribuem para a bagunça se destacam e ficam muito mais aparentes do que antes, quando você as via todos os dias, mas não as "enxergava" de fato.

Convém dar a si mesmo pelo menos 24 horas, depois de uma viagem dessas, em vez de correr de volta para o trabalho no dia seguinte ou voltar a fazer seja o que for que você fazia antes da viagem. Dê-se um tempo para rever sua vida e fazer as mudanças que quer fazer. É assim que a eliminação da desordem se torna um verdadeiro prazer.

A chegada em casa, depois de uma viagem, também é uma boa ocasião para selecionar as fotos que você tirou enquanto estava fora. Olhe todas elas e só fique com as melhores, apagando o resto, antes que elas se tornem parte da bagunça.

Se você mora com outras pessoas que viajaram junto com você, elas provavelmente também vão conseguir ver as coisas com mais objetividade, então você pode convidá-las a contribuir com a eliminação da bagunça. Se ficaram em casa enquanto você estava viajando, elas não conseguirão ver as coisas do jeito que você está vendo; portanto, nesse caso, proceda com cautela, concentrando-se em suas próprias coisas e nem sequer mencionando as de qualquer uma delas. Quando você se propõe a eliminar a bagunça porque quer e simplesmente segue em frente sem dizer absolutamente nada a ninguém, as pessoas próximas a você ficam fascinadas. O mais importante é que você mesmo aproveite a oportunidade antes que a perspectiva ganha na viagem se desgaste e você volte à sua antiga rotina.

Mudança de endereço

Outra boa hora para adquirir uma nova perspectiva é quando você está mudando de endereço. Diante da difícil tarefa de embalar tudo para levar a uma nova residência, fica mais fácil ver o que combina com sua nova vida e o que não combina, o que vale a pena levar com você e o que não vale. Você olha para cada objeto de um ponto de vista muito diferente.

Algumas pessoas, é verdade, arrastam tudo de uma casa para a outra sem fazer uma triagem e sem descartar coisa alguma. Lembro-me de uma mulher cujo marido embarcou toda a sua tralha do Reino Unido para sua nova casa no Canadá, num enorme contêiner, que ficou largado no jardim, intocado e sem uso, por 20 anos, até chegar a hora de o casal voltar para o Reino Unido. Quando ele anunciou que levaria seu contêiner de volta com eles, ela percebeu que o relacionamento dos dois tinha acabado. Do ponto de vista dela, a estada de 20 anos no Canadá tinha mais do que provado que nada no contêiner tinha alguma utilidade. Do ponto de vista do marido, o contêiner seguiria com ele, a qualquer preço.

Mesmo que não esteja planejando mudar de endereço no momento, você pode fazer uma enorme mudança em sua relação com a bagunça imaginando que está de mudança. Livre-se de tudo que, a seu ver, não valeria a pena pagar uma transportadora para embalar e transportar para você.

Se a sua casa estivesse pegando fogo

Se sua casa estivesse pegando fogo e você tivesse cinco minutos para salvar tudo o que pudesse, o que você pegaria?

Às vezes, eu faço essa pergunta no final de uma consultoria de eliminação da bagunça, depois de ouvir durante horas todas as razões pelas quais um cliente não consegue se livrar disso ou daquilo. A casa da pessoa está tão abarrotada que ela mal consegue se locomover pelos cômodos, mas quando pergunto o que ela salvaria se o lugar estivesse pegando fogo, sabe o que ela diz? Que o mais importante seria salvar – O GATO! Nem sempre pensam no cônjuge ou nos filhos, quando os têm (talvez achem que os seres humanos podem encontrar sozinhos um jeito de escapar de um incêndio). As pessoas que viajam com frequência muitas vezes dizem que pegariam seu passaporte também. Algumas pessoas têm um ou dois objetos que lhes vêm no mesmo instante à mente. Outras querem resgatar suas fotos. E depois disso a maioria delas tem que de fato pensar no que mais valeria mais a pena salvar. Eu chamo isso de "o momento da verdade" – quando elas percebem que, no final das contas, não se importam muito com todas as coisas que têm. Tudo perde o significado. O mais importante é sair do incêndio vivas.

A relação das pessoas com suas posses pode, na verdade, ser comparada a uma novela sem fim, sendo elas mesmas o protagonista e todas as suas coisas, os outros personagens. Quando a cena muda de "normal" para "emergência", de repente elas passam a ver tudo a partir de uma perspectiva completamente nova, como se despertassem de um sono.

Libertando-se do apego

Um processo semelhante acontece quando pessoas em idade avançada aproximam-se da morte. Há um desapego gradual das coisas à medida que percebem que não podem levar nada com elas. Até os mais ricos e poderosos estão sujeitos a isso. A morte não faz concessões.

Muitas pessoas começam a doar seus pertences quando o momento da morte se aproxima. Algumas fazem isso mesmo quando não têm nenhuma maneira de saber, conscientemente, que ela é iminente. No momento da morte ocorre uma abertura energética que pode ser sentida com nitidez, mesmo que a pessoa não a compreenda conscientemente.

Um dos exemplos mais marcantes desse fato me foi relatado por uma amiga há alguns anos. Seu avô foi atacado em sua própria casa por um assaltante e morreu em resultado dos ferimentos, o que a entristeceu muito. Mas o que lhe deu mais conforto foi saber que, na semana anterior, o avô tinha de repente começado a doar todos os pertences de que ele mais gostava aos amigos e parentes mais queridos. "Era como se ele soubesse o que estava prestes a acontecer", ela contou, admirada.

Livrar-se do apego às coisas materiais é uma parte muito importante do processo de morte. É um momento em que podemos ver muito mais claramente que o mundo estava girando antes de chegarmos e não vai parar depois que o deixarmos. As coisas materiais têm um grau de permanência. Nós somos os únicos transitórios. Estamos apenas de passagem.

Para eliminar a bagunça é só pegar o jeito

Uma das principais intenções deste livro é apresentá-lo a uma nova perspectiva sobre a bagunça. Antes de lê-lo, você pode ter realmente acreditado que todas as coisas que estava guardando eram um ativo em sua vida, mas à medida que virava as páginas você aprendeu sobre todas as maneiras pelas quais o apego a essas coisas pode impedi-lo de avançar.

O acúmulo de coisas tende a levar as pessoas a ter uma vida tacanha. Não há espaço para grandes ideias, para uma visão inspirada ou para empreender algo que faça diferença neste mundo. Essas pessoas ficam presas em seu próprio mundo.

Então, o que você pode fazer se já leu tudo o que havia neste livro até agora e ainda assim tem algumas coisas das quais acha difícil se desapegar? Eu acredito muito na eficácia de aprender com quem já sabe, então aqui está o meu melhor conselho a esse respeito.

Encontre alguém de quem você goste e que admire, mas que não tenha nenhuma ligação com seus bens materiais. Converse com essa pessoa. Descubra o que ela pensa e sente sobre as posses dela. Peça que descreva como ela toma suas decisões sobre o que guardar e o que descartar. Passe algum tempo com ela enquanto ela cuida da própria vida. Observe a perspectiva dessa pessoa. Analise o seu jeito de pensar. Adote suas estratégias. Aprenda seu jeito de fazer as coisas.

Liberte-se das limitações de sua própria perspectiva.

Você vai poupar anos que teria de passar aprendendo por experiência própria.

20.

Elimine a desordem no seu corpo

Uma extensão natural da eliminação da bagunça em sua casa é a eliminação da desordem no templo de seu corpo físico. Pessoas que acumulam bagunça no exterior tendem a acumulá-la também interiormente; mas, enquanto a bagunça externa pode obstruir o progresso na vida, a bagunça interior pode ter consequências mais graves que põem em risco a saúde e até mesmo a vida.

O corpo humano é uma máquina de processamento altamente sofisticada. Ele ingere alimento, assimila aquilo de que necessita e se desfaz do restante por meio dos cinco principais sistemas de eliminação — o cólon, os rins, a pele, os pulmões, o sistema linfático — e também por meio de sistemas secundários, como os olhos, os ouvidos, o umbigo, as unhas, o cabelo e, nas mulheres, a vagina. Todos esses canais são destinados a remover com eficiência do corpo toxinas indesejáveis.

Limpeza do cólon

No final do capítulo "Como eliminar a desordem" de meu livro *Criando Espaço Sagrado com Feng Shui*, sobre limpeza do espaço, incluí uma seção intitulada "Faça uma boa limpeza do cólon". Em apenas dois parágrafos concisos, esbocei os princípios da limpeza do cólon por meio de ervas e recomendei um fornecedor do Reino Unido que distribuía as fórmulas herbáceas que eu mesma usei durante muitos anos com grande resultado. Não entrei em contato com o fornecedor para fazê-lo saber que eu incluiria seu contato em meu livro e fiquei perplexa ao ouvir um ano depois que, desde essa ocasião, ele recebera inúmeras perguntas de meus leitores. Por isso, estou incluindo aqui uma seção muito mais extensa e mais completa a respeito desse tópico e de outros a ele relacionados, uma vez que, obviamente, há muito mais interesse a respeito disso do que eu supunha!

Por que você precisa limpar o cólon

Em sua maior parte, as pessoas do Ocidente nem mesmo sabem que precisam limpar o cólon. Elas se conformam com a maneira como se sentem e com o nível de saúde que têm, mas na realidade elas não sabem mais como é se sentir bem. Anos ingerindo alimentos processados, cozidos, congelados, enlatados, radioativos e preservados de maneira não natural contribuíram para isso. Funcionários do serviço funerário relatam que atualmente os cadáveres poucas vezes precisam ser embalsamados — nós ingerimos tantas substâncias químicas, nos dias de hoje, que nosso corpo demora muito mais tempo para se decompor depois da morte.

Enrolados dentro do abdômen humano, há 6,5 m de intestino delgado e 1,5 m de intestino grosso (também chamado cólon). Para que você consiga visualizar, o intestino delgado tem cerca de 3 cm a 4 cm de diâmetro, e o intestino grosso mede cerca de 5,5 cm de diâmetro... ou é o que se supõe.

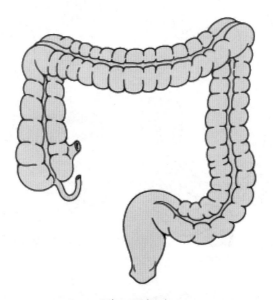

Cólon saudável.

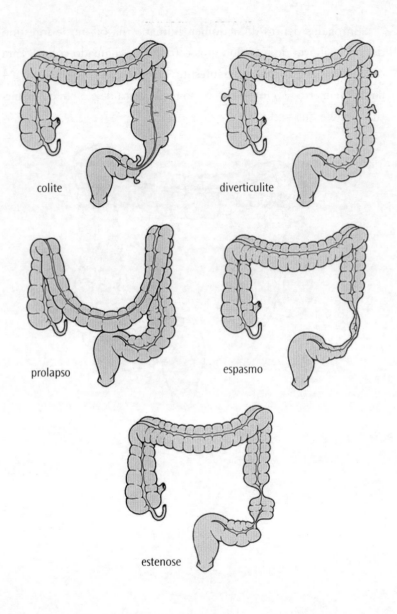

Cólons doentes.

A primeira figura mostra um cólon saudável; as seguintes mostram o que acontece ao cólon da maioria das pessoas que seguem a dieta ocidental, reconhecida como uma das menos saudáveis do mundo.

É provável que muitos leitores deste livro tenham cólons distorcidos e revestidos de fezes estagnadas e compactadas. Isso acontece com quase todos os ocidentais. Se você tem uma cintura larga ou um abdômen proeminente, é muito provável que seja esse seu caso.

Forma-se no cólon uma placa mucosa, em parte em função da ingestão de alimentos formadores de muco e, em parte, porque nosso corpo naturalmente produz muco como mecanismo de defesa contra toxinas. Esse muco pode ser dissolvido pelos sucos pancreáticos, mas os alimentos formadores de muco constituem uma porcentagem tão alta da dieta ocidental que a produção do pâncreas não é suficiente. Camadas de placa acumulam-se em toda a extensão do trato intestinal e, em seguida, se compactam e endurecem. Tudo isso começa quando você ainda é um bebê! Cientistas pesquisadores da NASA descobriram traços do leite materno no cólon de adultos, indicando que muitas pessoas carregam matéria fecal compactada no cólon durante toda a vida.

Um cólon saudável contém bactérias residuais benéficas que pesam, ao todo, até 2,25 kg; autópsias revelaram cólons incrustados que pesavam 18 kg ou mais. Às vezes, há tanta matéria pútrida que partes do cólon se expandem de 5,5 cm de diâmetro até uma espessura assombrosa de 22 cm a 44 cm em pessoas muito obesas; um estreito canal, com a espessura aproximada de um lápis, permanece no centro e é por ele que a matéria a ser excretada passa. O cólon torna-se permanentemente tóxico e dá origem a todo tipo de problema de saúde, quando essas toxinas se infiltram na corrente sanguínea e chegam a todas as partes do corpo.

Se você consome, ou se já consumiu, carne de vaca, de galinha ou de peixe, laticínios, açúcar, alimentos processados de qualquer espécie, chocolate, cafeína, refrigerantes ou álcool, então, certamente terá essa placa mucosa e se beneficiará com a limpeza do cólon. Até mesmo os vegetarianos costumam tê-la devido ao acúmulo de muco proveniente de alimentos como a soja e os grãos (dentre todas as plantas, os grãos de soja são os que mais formam muco). Todas as culturas tradicionais, carnívoras ou vegetarianas, de tempos em tempos recorrem a certas ervas para limpar o trato intestinal.

Assim como cada parte de sua casa está ligada a um aspecto de sua vida, cada seção de seu cólon está ligada a uma parte de seu corpo (consulte o livro *Cleanse and Purify Thyself*, do Dr. Richard Anderson). Muitos fitoterapeutas defendem a limpeza do cólon como a cura para 90% de todas as doenças, e eu descobri que ela é imensamente benéfica tanto na prevenção como na cura. Funciona porque você não apenas limpa seu sistema de excreção interno, como também libera todo tipo de problema emocional que porventura tenha permanecido enterrado ali durante anos. É na solução das questões emocionais que ocorre a verdadeira cura.

Ingestão e excreção

A ingestão e a excreção constituem o processo mais natural do mundo. No entanto, a maioria dos povos do Ocidente, pela falta de conexão com o próprio corpo, sente repugnância quando pensa em seus próprios excrementos. Notei que os bebês balineses aprendem a usar o banheiro muito mais cedo que os bebês ocidentais, e eu acho que isso tem a ver com o fato de eles não ficarem espremidos em fraldas, de modo que passam a entender muito mais depressa o que está acontecendo com eles.

Com base em todas as minhas pesquisas ao longo de vários anos nesse assunto "que não deve ser mencionado em conversas educadas", concluí que uma das coisas mais insensatas já inventadas é a privada com assento. A posição agachada, adotada pelos milhões de pessoas que vivem no Oriente, abre o cólon e torna muito mais fácil a evacuação dos intestinos do que sentar-se curvado na privada ocidental. Creio que essa é provavelmente a razão pela qual as doenças do cólon são tão comuns no Ocidente e tão raras no Oriente. (Uma dica útil, se você usa uma privada do tipo ocidental, é sentar-se com o corpo ereto e levantar ambos os braços bem acima da cabeça — isso abre o trato intestinal de uma maneira semelhante à posição agachada.)

Talvez tudo isso esteja parecendo um pouco excessivo para você. Sei como algumas pessoas acham esses assuntos desagradáveis. No entanto, considero a limpeza do cólon de importância crucial para a medicina preventiva. Se seu cólon está limpo, seu corpo floresce e sua vida funciona bem. Se seu cólon está obstruído, ele afetará tudo o que você faz. Se precisar de algo mais convincente, o Dr. Richard Anderson fala de um experimento muito revelador:

> *Alexis Carrel, do Instituto Rockefeller e ganhador do Prêmio Nobel, conseguiu manter células vivas por meio de alimentação nutritiva e eliminação da excreção dos tecidos. As células crescem e vicejam quando as evacuações são retiradas. Condições insalubres resultaram em vitalidade diminuída, deterioração e morte. Ele manteve vivo um coração de galinha durante 29 anos até que alguém se esqueceu de limpar as secreções!*

Constipação e diarreia

A regra geral é, "quando uma nova refeição entra, a anterior tem de sair". Pesquisadores que passaram algum tempo em selvas remotas de todo o mundo, observando pessoas com um estilo de vida natural, sem estresse e com hábitos de alimentação saudáveis, relatam que, para essas pessoas, 15 a 30 minutos é o período de tempo que normalmente leva para que os intestinos funcionem depois de uma refeição. Então, se você não sente que seu intestino se movimenta meia hora depois de terminar uma refeição, você está constipado.

A diarreia de longa duração é um enorme problema porque significa que seu cólon está o tempo todo carregado de bactérias prejudiciais (e provavelmente com parasitas que adoram matérias pútridas e em vias de decomposição).

Os seguintes sintomas também indicam problemas do cólon: roncos intestinais, dores no estômago, gases intestinais de mau cheiro, sensação de que até mesmo alimentos saudáveis não o alimentam (absorção insatisfatória de nutrientes), mau hálito, odor desagradável no corpo e nos pés. Também haverá a sensação de se sentir desconfortável o tempo todo.

Se você ainda está em dúvida, faça o teste da semente de girassol. Coloque um punhado de sementes de girassol na boca, mastigue-as o mínimo possível e em seguida engula-as. Agora, espere até que elas apareçam na outra extremidade! Se o tempo de trânsito intestinal das sementes é de cerca de dez horas, você está em boa forma. Se for mais longo, você precisa de alguma limpeza do cólon para eliminar a incrustação. Algumas pessoas descobrem que têm de esperar três ou quatro dias até que as sementes de girassol apareçam! Uma mulher escreveu-me para contar que ela e o marido estavam satisfeitos ao notar as sementes de girassol emergindo somente doze horas depois de ingeri-las... Mas notaram que elas reapareceram repetidas vezes ao longo dos três dias seguintes. Portanto, você precisa continuar observando!

As fezes ideais

Agora, eis uma informação difícil de encontrar nos livros: a aparência ideal das fezes depois de uma limpeza do cólon.

- As fezes são eliminadas com facilidade, sem ruído e em alguns segundos.
- Nenhum esforço é necessário.
- Sua cor é marrom-clara (a menos que você tenha comido algo como beterraba).
- Não têm muito mau cheiro.
- São macias e não compactadas.

Por isso eu digo que livros e revistas colocados perto da privada são um sinal claro de constipação — se você tem tempo para ler alguma coisa enquanto está sentado ali, você não está em boa forma!

Os benefícios da limpeza do cólon

Já sublinhei os resultados horríveis de um cólon imundo. Veja agora alguns dos benefícios positivos de se fazer uma boa limpeza. A maioria das pessoas descobre que, depois de fazê-la uma vez, gostam tanto do resultado que a fazem regularmente todo ano. Depois de realizar a limpeza do cólon, espera-se que você:

- Sinta-se e pareça mais saudável (melhor cor da pele, menos rugas, unhas mais fortes, cabelos mais brilhantes etc.).
- Sinta-se mais animado e cheio de energia.
- Tenha mais imunidade contra doenças.
- Extraia mais nutrientes dos alimentos e tenha menos vontade de defecar.
- Sinta mais amor, alegria e felicidade em sua vida.
- Encare a vida com mais flexibilidade.
- Fique mais feliz por descartar o velho e receber o novo.
- Desfrute de uma atividade sexual mais satisfatória (pois você não terá a pressão interna de um cólon sobrecarregado).

Louise Hay, em seu livro *Heal Your Body*, diz que a causa metafísica dos problemas no intestino é o "medo de descartar o que é velho e não mais necessário". Ela recomenda que se faça a seguinte afirmação: "Livre e sem dificuldade, eu descarto o velho e dou alegres boas-vindas ao novo". Como medida prática para reforçar isso, permita a si mesmo, no futuro, quando for possível, ir ao banheiro tão logo sinta vontade, em vez de esperar tanto quanto possível, como tantas pessoas fazem. Dessa maneira, você se reeduca para deixar que os resíduos físicos sejam liberados fácil e rapidamente, em vez de se agarrar a coisas até ser forçado a agir, e evita que os aspectos mental e emocional, e todos os outros aspectos de sua vida, acabem filtrando esses resíduos.

Limpeza do cólon com ervas

A limpeza do cólon com ervas, feita em conjunção com um programa de nutrição regenerativo (não faz sentido eliminar substâncias indesejadas por uma extremidade enquanto se ingerem alimentos nocivos pela outra!), produz notáveis resultados. O programa leva de seis a nove meses, dependendo de por quanto tempo você tenha ingerido açúcar, alimentos formadores de muco e outras porcarias.

Nunca use laxantes. Eles irritam e enfraquecem os intestinos. Produtos farmacêuticos para o cólon são úteis durante o jejum, mas não substituem a limpeza profunda ou a reconstrução do cólon assegurada pelas ervas.

É sempre melhor trabalhar com um fitoterapeuta qualificado, e isso torna-se fundamental se você for idoso, estiver grávida ou amamentando, ou for portador de doença crônica. O processo, invariavelmente, traz à tona questões emocionais para as quais você poderá precisar de assistência; e você também vai querer apoio quando seu corpo começar a evacuar algo parecido com pedaços de borracha de um pneu velho! Como um homem me disse: "É horrível ver o que sai, porém é muito satisfatório vê-lo indo embora".

Recomendo a leitura dos seguintes livros sobre o tema: *The Colon Health Handbook*, de Robert Gray; *Dr Jensen's Guide to Better Colon Care*, do Dr. Bernard Jensen; e *Sugar Blues*, de William Dufty. Na Bibliografia, no final deste livro, há informações sobre esses e outros livros. Em meu site, você pode encontrar o link para um conceituado fornecedor das fórmulas herbais do Dr. Christopher, que são as que eu considero mais eficientes.

Remoção de parasitas

Há um mito moderno segundo o qual vermes e outros parasitas só são encontrados em países subdesenvolvidos. A verdade é que eles também estão nos países desenvolvidos, e a limpeza do cólon tem um papel vital para eliminá-los de seu corpo. Se você pesquisar sobre isso, vai se surpreender ao saber com que frequência os parasitas estão relacionados a inúmeros problemas de saúde.

Jejum

Depois de passar meses "na estrada", realizando seminários no Ocidente, comendo em restaurantes, dormindo em hotéis e viajando em aviões, é uma grande alegria voltar para minha casa em Bali e dispor de tempo e de espaço para fazer um jejum. Nada me revitaliza nem me energiza mais do que o jejum baseado em sucos de frutas frescas ou hortaliças frescas e orgânicas, e o melhor de todos, em água pura.

Quando você come, seu corpo precisa de bastante energia para realizar a digestão. Quando jejua com sucos, todos os seus órgãos entram de férias, de modo que todo o excedente de energia fica disponível para a reparação e a revitalização. Para mim, a coisa mais idiota que uma pessoa pode fazer quando está doente é comer absolutamente de tudo. Os animais sabem disso. Eles nunca se alimentam quando estão doentes.

É sempre melhor fazer uma limpeza do cólon antes de fazer um jejum com sucos. A maioria dos efeitos colaterais desagradáveis que as pessoas relatam quando fazem jejum acontece devido à intoxicação do organismo com matéria pútrida que se desprende do cólon quando ele para de funcionar e que esteve lá por anos. Para aqueles que têm medo de sentir fome ao jejuar, tenho uma sugestão: durante os dois primeiros dias, misture quantidades generosas de pó de espirulina a seu suco ou ingira espirulina em forma de tabletes (várias dúzias durante o dia). É a mais completa proteína conhecida, é excelente para tonificar o intestino e você não sentirá a menor fome. Por volta do final do segundo dia, todas as aflições da fome terão cessado. Nenhuma dessas práticas pode ser feita se a pessoa estiver passando por um problema de saúde grave ou emergência médica.

O melhor jejum é aquele no qual se ingere somente água. É melhor ir aos poucos aproximando-se da condição de jejum em vez de tomar apenas água desde o primeiro dia. Vá diluindo seu suco até que esteja tomando apenas água pura. Mais uma vez alerto que a pessoa deve estar com a saúde estável para se submeter ao jejum.

É de importância vital que você procure a ajuda de um profissional qualificado e leia muito sobre o assunto antes de jejuar. Você precisa saber durante quanto tempo jejuar, por que motivo jejuar e, especialmente, como quebrar o jejum. Quebrar muito depressa um jejum, ou quebrá-lo com o tipo errado de alimento, pode ter consequências sérias e até mesmo fatais. No entanto, feito da forma correta, o jejum é uma das experiências mais divertidas que você pode imaginar. É uma alegria proporcionar a seus órgãos internos uma oportunidade para repousar, e a você a experiência de não "entupir" suas emoções com comida o tempo todo. Você redescobrirá novos patamares de paixão e vitalidade em sua vida!

Os rins

O peso de nosso corpo é constituído por aproximadamente 70% de água; no entanto, muitas pessoas quase nunca consomem um ou dois copos de água pura por dia. Todas as células contêm água, o sangue é constituído por 90% de água, e até mesmo nossos ossos contêm 22%

de água. Ela é fundamental para a vida e para a saúde, para transportar oxigênio e outros nutrientes até as células e para expulsar delas as toxinas.

Por isso, minha mensagem é: beba água. É a melhor coisa que você pode beber. A água limpa e purifica, trazendo mais clareza a sua vida. O ideal seria beber dois litros de água por dia. Sucos de frutas frescas e de hortaliças também são bons. No entanto, o chá, o café, refrigerantes açucarados e o álcool exercem uma tremenda tensão sobre o corpo, especialmente sobre os rins, o fígado, o pâncreas e o cólon, e devem ser evitados. São, em grande medida, compostos de água, mas também contêm fortes agentes desidratantes!

Você saberá se está bebendo água em quantidade suficiente graças ao mecanismo muito simples concedido por Deus denominado "sede". Não a ignore. No momento em que estiver sentindo sede, suas células já estão desidratadas. Você também pode verificar a cor da urina. Urina de cor amarelo-escura significa que você está forçando seus rins. Urina amarela bem clara ou quase incolor significa que você está bem hidratado.

Existe uma técnica para ingerir líquidos. É melhor ingerir líquidos cerca de meia hora antes de comer e esperar cerca de uma hora e meia a duas horas depois de comer antes de fazê-lo outra vez. De outra maneira, você diluirá os sucos digestivos, o que causará uma devastação interna (o alimento estraga e fermenta, produzindo acidose, que afeta todas as funções do corpo). Quando você mastiga bem o alimento, não precisa de água para engoli-lo.

Se descobrir que se dá bem com a limpeza do cólon, você poderá decidir também fazer uma limpeza dos rins com ervas uma vez por ano, e manter em boa forma esses órgãos vitais de filtragem.

Os pulmões

Respire fundo para permitir que seus pulmões executem corretamente o trabalho de eliminar toxinas. Em sua maioria, os ocidentais respiram de modo inadequado, inspirando apenas o ar suficiente para não morrer sufocados. Isso está ligado a sentimentos de baixa autoestima do tipo: "Não mereço", "Não sou bom o bastante" e assim por diante. Se você está com medo, seus ombros se inclinam para a frente, e seu corpo inconscientemente tenta proteger a região do coração, o que limita ainda mais a respiração.

Endireite a coluna. Tome coragem! É seu direito nato viver plenamente a vida. Em cada inspiração, estará dizendo "sim" à vida, "sim" ao amor, "sim" à alegria, à felicidade e à abundância. Aprenda com os povos indígenas do mundo ou observe um bebê ocidental recém-nascido; você vai descobrir que a respiração correta não é aquela superficial da parte superior do tórax, mas a profunda, a partir do diafragma, que permite aos órgãos internos serem massageados a cada respiração. Respire pelo nariz, nunca pela boca. Saúde cada novo dia fazendo inspirações muito profundas, abrindo os braços e enchendo os pulmões até a capacidade máxima, afirmando a vida e livrando-se do ar residual estagnado no fundo dos pulmões. Lembre-se também de respirar enquanto come, para oxigenar os alimentos.

Outras maneiras pelas quais você pode ajudar seus pulmões consistem em fazer um vigoroso exercício de caminhada, evitar alimentos formadores de muco, que os obstruiriam (veja a página 205), evitar poluentes e, é claro, parar de fumar, se já não o fez. Encontre algum livro com imagens que mostrem os pulmões dos fumantes caso queira mais incentivos para abandonar o vício – é realmente chocante!

O sistema linfático

O sistema linfático limpa todos os tecidos do corpo. O sangue tem o coração para bombeá-lo pelo corpo, o sistema linfático conta com a ação dos pulmões e dos músculos do corpo, razão pela qual o exercício regular é tão importante. Caminhar, nadar, praticar outras formas de exercício suave e dar saltos em trampolim são meios excelentes para manter a linfa em movimento. A maioria dos tipos de massagem também é útil. Como também a escovação seca da pele (veja a seção seguinte sobre a pele).

É muito importante evitar roupas apertadas, que obstruem o fluxo da linfa pelo corpo. No livro *Dressed to Kill*, Sydney Ross Singer e Soma Grismaijer alertam para os efeitos maléficos da restrição da linfa e do acúmulo de substâncias tóxicas causados pelo uso do sutiã pelas mulheres, isso para não mencionar a "síndrome das calças apertadas" nos homens.

Um levantamento feito entre 1991 e 1997 com mais de 4.700 mulheres norte-americanas sobre a relação entre o câncer de mama e o uso de sutiã concluiu que "em média, a mulher norte-americana tem uma probabilidade dezenove vezes maior de desenvolver câncer de mama do que uma mulher que usa sutiã por menos de 12 horas por dia, e "mulheres que usam sutiãs o tempo todo aumentam em 113 vezes a incidência de câncer de mama em comparação a mulheres que usam sutiã menos de 12 horas por dia". Os pesquisadores notaram que em países do mundo onde as mulheres apenas pouco tempo atrás começaram a usar sutiãs, o câncer de mama só agora está começando a ficar conhecido. O mais estranho é que ninguém mais conduziu uma pesquisa sobre isso, e em minha opinião muito ainda precisa ser estudado.

Sutiãs com apoio na parte inferior, especialmente a variedade sexy que levanta os seios, inibem ainda mais a drenagem da linfa, e creio que o metal também atua como uma espécie de condutor dos campos eletromagnéticos de computadores e de outros aparelhos elétricos até o delicado tecido do seio, contribuindo para o aumento da probabilidade de câncer de mama. Mulheres que operam computadores e máquinas de costura, ou que por qualquer outra circunstância submetem seus seios à estreita proximidade com os campos eletromagnéticos de equipamentos elétricos, são as que correm maiores riscos.

A pele

A pele é surpreendente. Cada polegada quadrada de pele contém cerca de dezenove milhões de células, seiscentas glândulas sudoríparas, noventa glândulas sebáceas, 65 pelos, 19 mil células nervosas e 5,7 m de vasos sanguíneos intricadamente tecidos. Além disso, ocupam essa polegada dezenas de milhões de bactérias microscópicas.

Cumprindo sua função plenamente, nossa pele elimina um terço dos produtos residuais do corpo, mas, na realidade, a pele da maioria das pessoas cumpre essa função precariamente. Produtos sintéticos para toalete entopem os poros, e os tecidos sintéticos (látex, náilon, poliéster e outros) inibem muito esse processo natural, em particular quando utilizados em roupas íntimas, usadas em estreito contato com a pele. É muito melhor usar tecidos naturais – algodão puro é o preferível, mas os tecidos de linho, seda e lã também são bons – e evitar lavá-los com sabão biológico, cujos resíduos são absorvidos pelos poros.

Para ajudar a pele, faça exercícios, tome saunas ou banhos turcos a fim de eliminar toxinas pelo suor e efetue diariamente a escovação seca para remover células mortas, purificar a linfa, estimular as glândulas e impedir o envelhecimento prematuro. O melhor período para fazer isso é pela manhã, antes do banho. Sempre escove em direção ao coração e use uma escova de cerdas naturais, que pode ser encontrada em lojas de alimentos naturais. A sensação é fantástica!

21.

Elimine a desordem mental

Se a bagunça está instalada em sua casa, também estará em sua mente. Eis o que fazer a respeito de algumas das formas mais comuns de desordem mental.

Pare de se preocupar

Certa vez, ouvi dizer que a preocupação é como um cavalo de balanço — por mais depressa que vá, nunca sai do lugar. A preocupação é uma completa perda de tempo e cria tanta confusão na mente que você não consegue pensar com clareza a respeito de nada.

    A maneira de parar de se preocupar é, em primeiro lugar, entender que você energiza tudo aquilo sobre o que focaliza sua atenção. Portanto, quanto mais você se preocupa, maior é a probabilidade de as coisas darem errado! Preocupar-se pode ser um hábito tão arraigado que você tem de treinar conscientemente para agir de maneira diferente. Sempre que você se pegar tendo uma preocupação (peça às pessoas próximas para ajudá-lo nisso), pare e mude seus pensamentos. Focalize a mente naquilo que você quer que aconteça, em vez de se preocupar com o que poderia acontecer, e enfatize o que já é maravilhoso em sua vida, de modo que mais coisas maravilhosas entrem em seu caminho. Isso é muito mais produtivo.

Faça agora mesmo uma lista de todas as coisas com as quais você se preocupa, assim, poderá reconhecê-las na próxima vez em que elas aparecerem em sua mente para uma sessão gratuita de cavalo de balanço.

Pare de criticar e de julgar

Essa é outra total perda de tempo e energia, especialmente quando você compreende que tudo aquilo que critica e julga em outras pessoas é algo de que não gosta em si mesmo. Os maiores críticos são aqueles que acreditam, por alguma razão, que eles mesmos não são suficientemente bons. Livre-se dessa insegurança interior e o desejo de depreciar outras pessoas se esvairá como que por encanto.

Outra coisa importante é entender que, como seres humanos, vemos apenas uma parte da realidade no esquema cósmico e, assim, nunca estamos de fato na posição de julgar qualquer pessoa ou fato. Um mendigo, morador de rua, pode em sua essência ser a alma mais bondosa e mais doce que você jamais poderia encontrar; mas se você julgá-lo simplesmente pela aparência e se considerar moralmente superior a ele, nunca perceberá essa virtude.

Não entulhe a mente com essas inúteis setas envenenadas. Em vez disso, sintonize os sentimentos mais elevados que você puder a cada pessoa que encontrar e fique maravilhado ao ver como elas respondem a você com o melhor de si mesmas.

Pare de fofocar

Pare de se entreter com a fofoca. A fofoca enche sua psique de lixo e mostra a pobreza espiritual de sua própria vida. Viva e deixe viver. Recuse-se a dar ouvidos a fofocas ou escândalos de qualquer espécie; adote para si mesmo, como marca de integridade, o compromisso de nunca dizer a respeito de alguém algo que não lhe diria em pessoa.

Pare de se lamentar e de se queixar

Lamentar-se, queixar-se e culpar a tudo e a todos pelo que acontece em sua vida provoca desordem em sua fala e em seus pensamentos, de tal maneira que a maioria das pessoas nem mesmo quer estar perto de você. Pense no que você tem a agradecer e os deuses o cumularão com mais coisas boas. Continue se lamentando e se queixando e você ficará sozinho.

Interrompa a tagarelice mental

Os psicólogos estimam que, em média, as pessoas têm cerca de sessenta mil pensamentos por dia. Infelizmente, 95% desses pensamentos são exatamente os mesmos que você teve ontem. E os mesmos que você teve anteontem. E assim por diante. Em resumo, a maior parte de seu processo mental é tagarelice improdutiva e repetitiva que não leva a lugar algum.

Outro problema é o constante burburinho de estímulos externos, ininterruptos no estilo de vida ocidental. Muitas pessoas mantêm a TV ou o rádio constantemente ligados para "ter companhia"; ou passam o tempo lendo romances de má qualidade, surfando na internet sem um propósito e assim por diante. Então, de repente, certo dia, você está velho ou doente e compreende que nada fez com sua vida. Todos os seus pensamentos são pensamentos de outras pessoas, e você não tem ideia de quem realmente é ou de qual poderia ser o propósito de sua vida.

Quando foi a última vez que você teve um pensamento genuinamente novo, completamente original? O fato triste é que muitas pessoas apenas continuam, dia após dia, a percorrer a mesma velha trilha, enchendo a mente com o entulho mundano da existência cotidiana.

Torne a clareza uma prioridade em sua vida e sintonize-se todos os dias com ela. Aprenda a meditar e experimente estados sublimes de quietude. Para silenciar a tagarelice e abrir conexões espirituais elevadas é preciso eliminar o mar de ruído e agitação que nos cerca.

Não deixe pontas soltas

Adquira o hábito de não deixar pontas soltas quando se despede de alguém ou quando deixa algum lugar. Por exemplo, suponha que esteja falando com um amigo e que ele tenha um número de telefone útil que quer passar a você. O número está com ele, mas ele diz que o passará por telefone no dia seguinte. É surpreendente como é comum deixar para amanhã o que se pode com muita facilidade fazer hoje, e quanta energia é drenada no ato de ter de se lembrar de pontas que deixamos soltas. Anote o número do telefone na mesma hora. Isso é o mínimo que você tem de fazer em sua vida!

Ponha ordem em todas as pontas soltas, pague se você deve algum dinheiro, devolva qualquer objeto que tenha pedido emprestado, cumpra qualquer tarefa que tenha se proposto a realizar, não deixe nada resmungando no fundo de sua mente e cobrando para ser feito. Cada promessa ou compromisso não cumprido despende energia e o importuna. Se você sabe que não pode cumprir a promessa que fez a alguém, é muito melhor entrar em contato com a pessoa e deixá-la saber disso em vez de permitir que a situação se arraste.

Eis o que constatei com minha própria experiência de vida depois de ter eliminado a palavra "deveria" de meu vocabulário. Suponha que eu tenha prometido encontrar-me com um amigo na noite de quinta-feira para assistir a um filme que ambos queremos ver. Enquanto a quinta-feira se aproxima, sinto-me cada vez menos inclinada a sair. Posso fazer uma entre duas coisas: manter a promessa e ir, porque isso é o que eu "devo" fazer, ou telefonar para o meu amigo e cancelar ou adiar o compromisso. Em 90% das vezes em que cancelei ou adiei alguma coisa, descobri que a outra pessoa estava querendo fazer o mesmo, mas não queria me decepcionar; nesse caso a minha decisão funcionou perfeitamente para nós dois. Nos outros 10% das vezes, as pessoas ficam chateadas ou brigam comigo, mas se forem honestas consigo mesmas verão que não sou eu a causadora de tanta irritação. O problema, em geral, é a inflexibilidade delas ou o fato de eu ter desencadeado a lembrança de um transtorno muito mais profundo vindo do passado. Consulte o próximo capítulo para entender melhor essa afirmação.

Coloque os relacionamentos em dia

Com quantas pessoas você tem assuntos não resolvidos? Pense nisso por um instante. Imagine-se num ambiente social. Você pode pensar em alguém em sua vida que, ao cruzar a porta, produziria no mesmo instante um sentimento de desconforto? Quem o faz sentir que a sala não é grande o bastante para vocês dois, porque há tensão entre ambos? Você pode não se lembrar conscientemente dessas pessoas; na verdade, você se esforça para mantê-las longe de seu pensamento, mas sua velha e boa mente subconsciente mantém o registro delas bem vivo. O fato de ter relacionamentos não resolvidos diminui muito seu nível de energia.

Se você tem um companheiro ou companheira, certifique-se de que o relacionamento entre vocês seja tranquilo, sem problemas a resolver; caso contrário, estará travando batalhas psíquicas com essa pessoa durante a noite toda, e você despertará com a sensação de que precisa de uma boa noite de sono.

Viva no presente

Quando tudo em sua vida está em dia, você vive no presente e pode ter o verdadeiro sentimento de que está surfando na energia da vida. Faça o que for preciso para manter-se em dia consigo mesmo e permaneça assim. Você terá mais energia do que jamais acreditou ser possível. As crianças são assim. Elas vivem no momento, e todos nós sabemos quanta vitalidade elas têm!

Como enfrentar a sobrecarga de informações

Pesquisadores da Escola de Informação de Berkeley, na Califórnia, tiveram a ambiciosa iniciativa de fazer um relatório sobre a quantidade de informação que existe no mundo. Eles o chamam de documento vivo, com a intenção declarada de continuar a "revisá-lo com base em comentários, correções e sugestões".

Então, quanta informação existe? Estou escrevendo isso em 2008 e o último relatório disponível é de 2003, com base em informações recolhidas em 2002. As unidades de medição em si já são impressionantes. Não estamos falando em humildes kilobytes (KB) ou significativos megabytes (MB) ou impressionantes gigabytes (GB), que seria aproximadamente a quantidade de livros cheios de informações necessária para encher uma picape. Não estamos falando nem em terabytes (TB); um terabyte corresponde a cerca de cinquenta mil árvores transformadas em papel e páginas impressas. Ou petabytes (PB), sendo 200 petabytes o correspondente a todo o material impresso que existe na Terra. Nós estamos falando em exabytes (EB), e essa não é a maior medida – além dela existem os zettabytes (ZB) e os Yottabyte (YB) e, provavelmente, no momento em que este livro for publicado, haverá uma nova unidade com um nome exótico como squiggabytes (SB?). Mas, por enquanto, os dados são medidos em exabytes e, examinando tudo o que foi criado sob a forma de impressos, filmes, mídias de armazenamento magnético e óptico, os pesquisadores concluíram que cinco exabytes de informação nova foram gerados em 2002, o dobro da quantidade gerada em 1999, ano da última pesquisa.

Por mais incrível que pareça, o papel representa mero 0,01% do total. A grande maioria (92%) é armazenada em mídia magnética, discos rígidos, principalmente, e esse número não inclui a internet ou a quantidade de informações que flui através de outros canais eletrônicos, tais como telefonemas feitos por meio de telefones fixos e celulares, SMSs, rádio, TV, e-mails, VOIP, P2P etc. Isso acrescenta outros incríveis 18 exabytes ao total de 2002, dos quais 98% estavam na forma de telefonemas de pessoa para pessoa. Planeta ruidoso este em que vivemos! A internet inteira acaba por gerar "ínfimos" 170 terabytes de informação, dos quais eu contribuí com patéticos 100 MB (o que, com orgulho, aumento para igualmente insignificantes 700 MB, com o novo site que criei em 2013).

Se você quiser mais números alucinantes ou atualizações desde que escrevi este livro, consulte o site www2.sims.berkeley.edu e leia sobre o projeto de pesquisa *How Much Information?*.

O que estou querendo dizer aqui é que existe MUITA informação no mundo. Na mesma escala que a introdução de *The Hitchhiker's Guide to the Galaxy* [O Guia do Mochileiro das Galáxias], de Douglas Adam, diz sobre o espaço: "O espaço é grande. Realmente grande. Você não acreditaria em quanto ele é extremamente, atordoantemente, grande".

Segundo os neurocientistas, os seres humanos têm um apetite voraz por novas informações. Eles descobriram que usamos os mesmos caminhos neurais prazerosos quando aprendemos novos fatos assim como quando eles são ativados por drogas como heroína ou morfina. Do mesmo modo que algumas pessoas ficam viciadas em pornografia na internet, redes sociais on-line, jogos de azar ou jogos eletrônicos, também é possível ficar viciado no "barato" causado pela coleta de informações. Alguns "viciados em informação" passam horas e horas fazendo buscas on-line por dados significativos, a ponto de isso se tornar uma forma de comportamento obsessivo-compulsivo.

Se isso faz parte do seu estilo de vida, é uma questão de perguntar: essa atividade se tornou para você um substituto para uma vida de verdade? Será que você não está vivendo num mundinho particular, com cada vez menos comunicação verdadeira com as pessoas? E será que grande parte do que você tem lido não é algo sem utilidade imediata, adquirido só para o caso de necessidade? Se assim for, isso também está atulhando sua vida, assim como a bagunça física que as pessoas acumulam; e você terá de fazer alguma forma de terapia para descobrir a causa do seu vício e como combatê-lo.

Coloque ordem na sua mente para ter um sono tranquilo

Se você leva uma vida atarefada e tem montes de "coisas para fazer", pode achar difícil se desligar e relaxar. Em especial, pode descobrir que sua mente ainda está ativa quando você quer dormir.

Eis uma boa sugestão: mantenha um caderno e uma caneta junto à cama e, pouco antes de se deitar para dormir, anote todas as coisas que você tem de se lembrar de fazer. Então, esqueça-as e vá dormir. Se acordar durante a noite com mais coisas em sua mente, abra um olho, rabisque-a no caderno e volte a dormir. De início, você pode precisar manter uma pequena luz acesa junto à cama; com a prática, você pode aprender a escrever no escuro, com os olhos fechados. Depois de um tempo você vai aprender a fazer a sua lista inteira no papel de uma só vez e dormir a noite toda, sem ser perturbado por pensamentos ou preocupações.

Quanto mais atarefado você está, mais importante é relaxar completamente e dispor de um tempo para repousar e recuperar-se durante as horas de sono. Aprenda a fazer a técnica da "prática noturna" do livro de Samuel Sagan, *Awakening the Third Eye*. Ela vai permitir que seu complexo órgão superior sutil separe-se dos seus corpos físico e etérico, propiciando a melhor noite de sono de sua vida.

22.

Elimine a desordem emocional

A maioria das pessoas carrega algum tipo de bagagem emocional. Isso nos envelhece prematuramente e se interpõe no caminho de tudo o que queremos fazer (eu me senti dez anos mais jovem depois de todo um ano fazendo uma boa limpeza em minha bagagem emocional).

Aborrecimentos

Se você está aborrecido por algum motivo, esta é uma das melhores ocasiões para eliminar a bagunça. Não tente se sentir melhor antes de começar. Apenas abra um armário com lágrimas nos olhos, lave o rosto se necessário, tire tudo para fora e comece a fazer a arrumação. Você se surpreenderá ao constatar como é fácil arrumar a bagunça quando está se sentindo assim. Ela quase parece arrumar-se por si mesma. Você olha para coisas que esteve guardando durante anos, e elas lhe parecem, na sua maioria, destituídas de importância e obviamente desnecessárias, e não há, em absoluto, arrependimento emocional algum quando você as atira na lata de lixo. Você também ficará surpreso ao constatar que a arrumação da bagunça o ajuda a se acalmar e lhe dá uma nova perspectiva sobre o que o estava incomodando. Eliminar a bagunça o ajudará a se livrar dos sentimentos estagnados.

Um professor com quem estudei durante certo tempo costumava dizer quando alguém estava incomodado com alguma coisa: "Daqui a dez anos isso terá alguma importância para você?". Essa pergunta o faz ver o problema sob o ponto de vista de seu eu futuro, olhando para trás com uma visão distanciada, e a resposta quase sempre será "nenhuma".

Você também pode se perguntar: "Eu encontrarei utilidade para isso nos próximos dez anos?". Para a maioria das coisas que você tem guardado por muito tempo, a resposta será quase sempre "não".

Mágoas

Uma das piores formas de desordem emocional é a que resulta de mágoas. Olhe profundamente dentro de si mesmo para ver quem ou o que você precisa perdoar.

Às vezes, acontece de as pessoas se tornarem tão entrincheiradas em suas mágoas que se recusam até mesmo a falar umas com as outras. Deparei com famílias e casais que silenciaram suas mágoas por dias, semanas, meses, anos e até mesmo décadas. Algumas pessoas vão para o túmulo com esses sentimentos incrustados no corpo, e é grande a probabilidade de ter sido isso o que acabou com elas.

Às vezes, esses sentimentos estagnados se avolumam e se tornam disputas entre famílias, grupos ou nações inteiras, criando cânceres no tecido emocional da sociedade. Os atos de violência duram até que um dos protagonistas seja colocado de joelhos ou que haja a intervenção diplomática de uma terceira potência, mais poderosa, que as leve a recobrar o juízo. A diplomacia pode ser definida como a arte de harmonizar a energia emocional estagnada.

Se você é do tipo calado e rabugento, perceba que isso pode magoar a outra pessoa, mas quem sai mais magoado é você. Faça um curso sobre relacionamento humano e aprenda uma maneira melhor de lidar com seus problemas. Perdoe e esqueça. Deixe que suas mágoas vão embora e siga em frente com sua vida.

Livre-se dos amigos não confiáveis!

Você conhece pessoas diante das quais sente que precisa se esforçar para falar, ou que drenam sua energia quando você está com elas? Você suspira de desânimo ao saber que determinada pessoa está ao telefone querendo falar com você? Não estou me referindo aqui a bons amigos que estão passando temporariamente por maus pedaços ou que estão tendo uma péssima semana! Estou falando de pessoas negativas que estão "fora da validade"; pessoas das quais você gostaria de se afastar, mas não teve coragem ou sequer teve tempo para tomar uma atitude a respeito.

Uma coisa surpreendente que descobri é que quase todas as pessoas têm alguns desses "amigos" indesejáveis. Passei pouco tempo atrás todo um jantar ouvindo a história da mulher insuportável que se fazia presente, sem ser convidada, ano após ano, insinuando-se em meio às pessoas. Por alguma razão inexplicável, nunca disseram a ela que não era bem-vinda, de modo que todos os anos tinham de aturar sua conversa horrorosa e seu comportamento arrogante e, em seguida, lastimar a assiduidade daquela presença indesejada.

Dedique um minuto apenas para fazer uma pequena lista de pessoas que você conhece, mas que realmente não gostaria de conhecer. Farei uma pausa no livro enquanto você faz isso...

Agora, o mais interessante: se você tem uma pequena lista como essa, e todos têm uma lista assim, então – EM QUAL LISTA VOCÊ ESTÁ? Eis algo em que pensar! Não seria melhor se fôssemos honestos uns com os outros a respeito disso e déssemos um basta a esses jogos tolos?

Há bilhões e bilhões de pessoas neste mundo e você é livre para escolher aquelas com as quais quer se juntar. Escolha espíritos aparentados com o seu, que o energizem e o inspirem. O que há de maravilhoso a respeito de ter a coragem de se livrar de todos os seus embolorados velhos amigos é que isso cria espaço para que você atraia novos relacionamentos, maravilhosos e importantes, contanto que tenha tomado novas decisões a respeito do que terá e do que não terá em sua vida. Por fim, descobrirá que pessoas não confiáveis, vampiros da energia alheia e indivíduos negativos não estarão em sua vida porque você sabe que seu campo de energia é incompatível demais com o deles – eles percebem que as chances de conseguir um excedente gratuito de energia a suas custas são nulas, e por isso nem se preocupam em tentar.

Afaste-se de certos relacionamentos

Às vezes, você entende que não é apenas um conhecido que se tornou um entrave em sua vida, mas a própria pessoa com quem você pensava ter um relacionamento significativo. Isso acontece porque suas vidas divergiram e seguiram caminhos diferentes ou porque, no fundo, vocês nunca foram compatíveis. A verdade é que cada um de vocês se tornou um transtorno na vida do outro, embora, às vezes, somente um consiga perceber isso logo.

Você agora tem duas escolhas: não fazer nada e esperar até que o relacionamento desmorone por si mesmo ou criar coragem para agir, seja reinventando ou abandonando a situação. Se vocês ainda se amam, se respeitam e são bons um para o outro, são grandes as chances de descobrir uma maneira de o relacionamento continuar, mesmo que ele mude de alguma maneira. Faça o que for possível para que esse relacionamento tenha sucesso, mas, se for hora de se afastar, você saberá disso no íntimo de seu coração.

Se é hora de se afastar, você presta a si mesmo e a seu companheiro um grande desserviço prolongando a agonia da situação e adiando a separação por muito tempo. Por mais assustador que possa parecer, se for a coisa certa a ser feita, você descobrirá que ao lado do medo agita-se outra energia chamada "empolgação". É seu espírito palpitando diante da perspectiva das novas oportunidades que vão se abrir em sua vida.

Livre-se da couraça emocional

Se a bagunça em sua casa é muito grande, é possível que você sinta a necessidade de usar quantidades impressionantes de joias, a ponto de se sentir nu ao sair de casa sem elas. Assim como a desordem em casa, as joias usadas em excesso são uma forma de armadura emocional. Depois de arrumar a casa, é provável que você se sinta naturalmente inclinado a reduzir a quantidade de coisas que veste porque se sente mais confiante e capaz de deixar seu "eu" natural brilhar.

23.

Elimine a desordem espiritual

Na verdade, todo este livro é a respeito disso. É a respeito do processo de eliminar toda a desordem que obscurece nossa visão, confunde-nos, nos desencaminha e obstrui nossa jornada.

Esta época especial

Somos afortunados por viver numa época que a maioria dos mestres espirituais da atualidade acredita ser a mais importante do desenvolvimento espiritual humano na história de nosso planeta. Todo grande conhecimento do mundo costumava estar nas mãos de algumas poucas pessoas. Você entende que, atualmente, pode participar de um seminário de fim de semana e ouvir um conhecimento que, em séculos anteriores, exigiria anos de aprendizado assíduo para ser assimilado? É claro que não é possível conhecer em profundidade qualquer assunto num único fim de semana, mas o fato é que as portas estão abertas agora e muito conhecimento está disponível.

Prendermo-nos a conceitos que nos mantêm ligados ao passado é totalmente contraproducente. Se você pensar em quantas vezes reencarnou para estar aqui hoje, com certeza seu espírito, que é eterno, ficará entusiasmado por se encontrar nesta época, pronto e capaz de prosseguir com o que está acontecendo agora.

Chamando-se de volta a si mesmo

Em Bali, existe uma cerimônia especial conhecida como "O Chamado". Compreende-se que, à medida que a pessoa vive, partes dela se fragmentam e vão sendo descartadas. Se isso acontece em demasia ou, no caso de um evento súbito e traumático, muito rapidamente, essa fragmentação pode enfraquecer o espírito da pessoa a ponto de ameaçar-lhe a vida. Por exemplo, depois de ser ferida num acidente rodoviário, como parte vital do processo de cura a pessoa precisa voltar com um sacerdote ao local onde o acidente aconteceu para purificar cerimonialmente aquele ponto e chamar de volta a parte do espírito que ela deixou ali.

Um processo semelhante acontece quando você elimina a bagunça de sua vida. Quando elimina as coisas das quais não gosta mais ou não usa, você chama de volta a si mesmo as partes de seu espírito que estiveram presas a elas, presas às necessidades emocionais e às lembranças associadas a elas. Ao fazê-lo, você traz a si mesmo, de maneira eficiente, ao tempo presente. Sua energia, em vez de se dispersar em mil direções diferentes e improdutivas, torna-se mais centralizada e mais focada. Você se sente mais completo, do ponto de vista espiritual, e mais em paz consigo mesmo. E isso provém, simplesmente, do ato de eliminar a bagunça. Surpreendente, não é?

Uma vida livre da bagunça

O maior propósito da eliminação da bagunça é ajudar a limpar os detritos que nos impedem de fazer uma conexão com as altas esferas espirituais de onde viemos e para onde voltaremos. É muito fácil se desviar de seu propósito aqui, ficar imerso no materialismo e passar a acreditar que este mundo é tudo que existe, quando na verdade nossa vida aqui é apenas um breve intervalo em nossa jornada espiritual.

A eliminação da bagunça em todas as suas formas ajuda a restaurar a clareza e a simplicidade. Quando você mantém a sua volta apenas as coisas de que precisa para esta jornada pessoal, em vez de se sobrecarregar com coisas que entulham seu caminho e sua volta para Casa, torna-se muito mais fácil se conectar a seu caminho espiritual. E quando você tiver a sensação de paz e propósito que vem com isso, nunca mais vai sentir necessidade de viver na bagunça novamente.

O que vem depois?

Envie sua história sobre eliminação da bagunça!

Para muitas pessoas que escondem sua bagunça, ouvir histórias bem-sucedidas de ex-viciados em bagunça serve como motivação para trabalhar com ânimo e realizar uma boa limpeza.

Karen criou uma seção em seu site inteiramente dedicada a cartas dos leitores. Lá você pode encontrar uma seleção das histórias mais inspiradoras que ela recebeu ao longo dos anos (em inglês). Visite o site www.spaceclearing.com e clique no link Readers' Letters.

E se você tem uma história que gostaria de compartilhar, envie um e-mail em inglês para clutter@spaceclearing.com, incluindo uma permissão para que possamos publicá-la.

Recursos relacionados à limpeza do espaço e eliminação da bagunça

Como encontrar um praticante

No site www.spaceclearing.com, você encontra uma lista internacional de profissionais especializados em limpeza do espaço e eliminação da bagunça treinados por Karen Kingston. A maioria deles faz cursos de atualização regularmente, a fim de manter e desenvolver seus conhecimentos e suas habilidades. Se você não encontrar nessa lista nenhum especialista de seu país, peça informações pelo e-mail info@spaceclearing.com e pergunte se algum deles tem disponibilidade para viajar até o local de sua residência.

Cursos

Karen e seus professores credenciados ministram cursos sobre limpeza do espaço e eliminação da bagunça no mundo todo. Inscreva-se no site da autora para receber seu boletim com artigos, notícias e a programação dos cursos.

Treinamento profissional

Existem muitos organizadores profissionais no mundo que ajudam as pessoas a organizar melhor sua vida. Karen Kingston não ministra cursos sobre esse assunto. Os praticantes que ela treina trabalham num nível muito mais profundo. Eles têm a capacidade de perceber as razões subjacentes que levaram ao acúmulo da bagunça, o que é feito inicialmente por meio da arte de limpeza do espaço e da percepção das energias impregnadas nos ambientes.

O treinamento profissional para se tornar um praticante de eliminação da bagunça é, portanto, uma parte do treinamento geral para se tornar um praticante de limpeza do espaço e requer muitos anos de trabalho pessoal preparatório para desenvolver as habilidades necessárias. Você pode encontrar informações sobre os treinamentos no site da autora.

Produtos usados na limpeza do espaço

Todos os produtos balineses usados na limpeza do espaço podem ser encomendados pelo site www.spaceclearing.com, incluindo sinos balineses, bolas da harmonia, decorações de altar e muito mais.

Ervas para limpeza do cólon

Recomendamos o seguinte distribuidor das fórmulas herbáceas do dr. Christopher para a limpeza do cólon:

Specialist Herbal Supplies

Portslade Hall, 18 Station Road, Portslade, BN41 1GB, UK
Tel.: 0870 774 4494 (de outros países: +44 1273 424 333)
email: sales@shs100.com
website: www.shs100.com

Ervas de qualidade, vendidas pela internet e enviadas por um serviço rápido de entregas, junto com folheto explicativo sobre como efetuar a limpeza do cólon.

Outras obras de Karen Kingston

Criando Espaço Sagrado com o Feng Shui —
São Paulo: Editora Pensamento, 2003.

Essa é a primeira obra de Karen. Ela complementa este livro. No entanto, desde a publicação desse livro, o campo da limpeza do espaço já passou por muitos desenvolvimentos e vale a pena consultar o site www.spaceclearing.com ou entrar em contato com a Editora Pensamento (www.grupopensamento.com.br) e se informar sobre as últimas novidades sobre o assunto.

Karen Kingston mantém seu site em inglês regularmente atualizado. Apresenta seu popular blog com artigos sobre limpeza do espaço, eliminação da bagunça e uma gama de outros temas. Há também informações sobre cursos, produtos e muito mais.

www.spaceclearing.com
e-mail: info@spaceclearing.com

Bibliografia e leitura suplementar recomendada

Saúde e limpeza do cólon

Anderson, Richard, N.D., N.M.D. *Cleanse & Purify Thyself* (Christobe Publishing, 2007)

Dufty, William. *Sugar Blues* (Grand Central Publishing, 1986)

Gray, Robert. *The Colon Health Handbook: New Health Through Colon Rejuvenation* (Nevada: Emerald Publishing, 1990)

Jensen, Bernard. *Dr. Jensen's Guide to Better Bowel Care: A Complete Program for Tissue Cleansing through Bowel Management* (Avery Publishing Group, 1998)

Singer, Sydney Ross; Soma, Grismaijer. *Dressed to Kill: The Link Between Breast Cancer and Bras* (Avery Publishing Group, 1995)

Cura e metafísica

Diamond, John, MD. *Life Energy: Using the Meridians to Unlock the Hidden Power of your Emotions* (Paragon House, 1990)

Hay, Louise L. *Heal Your Body* (Hay House, 1984)

Desordem obsessivo-compulsiva

Dumont, Raeann. *The Sky is Falling: Understanding and Coping with Phobias, Panic and Obsessive-Compulsive Disorders* (WW Norton & Company, 1997). Capítulo 12: "Mr More, 'The Man Who Couldn't Throw Anything Away'"

Filosofia

Bloom, Howard. *The Lucifer Principle* (The Atlantic Monthly Press, 1995)
Hoff, Benjamin. *The Tao of Pooh* (Penguin, 1983)

Procrastinação

Tracy, Brian. *Eat That Frog! 21 Great Ways to Stop Procrastinating and Get More Done in Less Time* (Berrett-Koehler Publishers, 2007). Também disponível como e-book em: www.briantracy.com

Conhecimento espiritual

Sagan, Dr. Samuel. *Awakening The Third Eye* (Clairvision School, 1997)
Sagan, Dr. Samuel. *Knowledge Track: Death, The Great Journey*. (Clairvision School, 2001). Disponível em: www.clairvision.org

Livros citados

Adams, Douglas. *The Hitchhiker's Guide to the Galaxy* (Del Ray, 1995)
Adler, Bill. *The Uncommon Wisdom of Oprah Winfrey: A Portrait In Her Own Words* (Aurum Press, 1997)
Godin, Seth. *Don't Shave That Yak!* (Seth Godin's Blog, março, 2005). Disponível em: http://sethgodin.typepad.com/seths_blog/2005/03/dont_shave_that.html

GRUPO EDITORIAL PENSAMENTO

O Grupo Editorial Pensamento é formado por quatro selos:
Pensamento, Cultrix, Seoman e Jangada.

Para saber mais sobre os títulos e autores do Grupo
visite o site: www.grupopensamento.com.br

Acompanhe também nossas redes sociais e fique por dentro dos próximos
lançamentos, conteúdos exclusivos, eventos, promoções e sorteios.

editoracultrix
editorajangada
editoraseoman
grupoeditorialpensamento

Em caso de dúvidas, estamos prontos para ajudar:
atendimento@grupopensamento.com.br